WOHLTÄTER DER WISSENSCHAFT

STIFTUNGEN FÜR DIE LUDWIG-MAXIMILIANS-UNIVERSITÄT MÜNCHEN IN GESCHICHTE UND GEGENWART

Reinhard Heydenreuter

IMPRESSUM

Reinhard Heydenreuter
WOHLTÄTER DER WISSENSCHAFT
Stiftungen für die Ludwig-Maximilians-Universität München in Geschichte und Gegenwart

Band 7 der Reihe LMUniversum
herausgegeben von Hans-Michael Körner und Wolfgang Smolka
für das Archiv der Ludwig-Maximilians-Universität München
Redaktion:
Neumann & Kamp Historische Projekte
Ulla-Britta Vollhardt, Universitätsarchiv München

Verlag, Grafische Konzeption, Satz und Repros:
Verlag Lutz Garnies, Haar / München

ISBN: 978-3-926163-58-5

Vorwort

Liebe Leserinnen, liebe Leser,

Hochschulen wie die Ludwig-Maximilians-Universität (LMU) München sind nach wie vor auf Zuwendungen wohltätiger und verantwortungsvoller Bürgerinnen und Bürger angewiesen, die damit einen wesentlichen Beitrag leisten, wissenschaftliche Exzellenz nicht nur zu sichern, sondern voranzubringen.
Natürlich können Stiftungsmittel die Leistungen aus staatlichen Mitteln und Drittmitteln nicht ersetzen. Sie ergänzen diese aber und fördern durch die Anerkennung von Leistungen die Motivation für Wissenschaftlerinnen bzw. Wissenschaftler und Studierende, Projekte und Studien zu verfolgen, die ohne dieses Engagement nicht realisiert werden könnten.
Die Ludwig-Maximilians-Universität verwaltet derzeit insgesamt 49 Stiftungen, 22 davon wurden in den vergangenen fünfzehn Jahren errichtet. Für die unterschiedlichen Stiftungszwecke, Forschung und Studium betreffend, werden jährlich etwa 2,5 Millionen Euro ausgeschüttet (Stand 2008).
Der Schwerpunkt von Stiftungen mit wissenschaftlichem Zweck liegt bei der Medizin, hier vor allem im Bereich der Krebsforschung. Bei den Geisteswissenschaften unterstützen Stiftungen z. B. theologische und archäologische Projekte ebenso wie südslavistische und balkanologische Forschungen. Das Hauptanliegen der Studienstiftungen an der LMU ist es, würdigen und bedürftigen Studierenden ihre Ausbildung finanziell zu erleichtern.
Das Stiftungswesen an der LMU ist fast so alt wie die Universität selbst. So geht die älteste noch bestehende Herzoglich Georgianische Priesterhaus-Stiftung zur Förderung der Ausbildung von katholischen Theologiestudenten für das Priesteramt auf das Jahr 1494 zurück.
Mit diesem Buch zur Geschichte ihrer Stiftungen möchte die Ludwig-Maximilians-Universität Ihnen einen Einblick in das Stiftungswesen an der Universität seit ihrer Gründung in Ingolstadt im Jahr 1472 vermitteln. Das Buch soll in Dankbarkeit an bisherige Wohltäter erinnern und gleichzeitig potenzielle Stifter ermutigen, neue Stiftungen zu errichten. Denn nicht nur Forschung und Studium an der Universität profitieren von einer Stiftung. Dass deren Errichtung vor allem auch ideellen Wert für die Stifter selbst hat, verdeutlicht die Studie „Stiften in Deutschland" der Bertelsmann Stiftung aus dem Jahr 2005: „Fast ausnahmslos bestätigen die befragten Stifter, dass die Stiftung ihr Leben sehr bereichert hat: Aus dem Wissen, anderen zu helfen, gewinnen alle Befragten eine große persönliche Befriedigung."

In diesem Sinne danke ich Ihnen für Ihr bereits getätigtes oder geplantes Engagement und wünsche Ihnen viel Freude beim Lesen.

Dr. Christoph Mülke
Kommissarischer Kanzler der Ludwig-Maximilians-Universität München

Inhalt

1. Stifter und Stiftungen

Bayern ist ein Stifterland. Es kann sich mit der *Bürgerspitalstiftung von Wemding* aus dem Jahre 917 der ältesten deutschen Stiftung rühmen und gehört zu den Bundesländern mit den meisten Stiftungen. Ohne die in die Tausende gehenden Kirchenstiftungen gibt es derzeit fast 3.000 rechtsfähige Stiftungen in Bayern (Stand: Ende 2007).

Das Wesen einer Stiftung kann anhand ihrer Satzung und ihrer tatsächlichen materiellen Wirksamkeit nur unzureichend beschrieben werden. Auch wenn die Stiftung weder Eigentümer noch Mitglieder kennt, wirkt in ihr doch der Geist des Stifters. Und wenn eine Stiftung trotz ihres Ewigkeitsanspruchs auf Grund von Krieg, Inflation oder einer Währungsreform untergegangen ist, so bleibt sie doch als Geschichtszeugnis erhalten und gibt uns Auskunft über die besseren und stilleren Seiten der Geschichte, vor allem aber über das Wirken von Menschen, die über sich hinaus dachten.

Der Stifter, wie er uns in der Geschichte entgegentritt, ist in der Regel ein Wohltäter, ein frommer, gutgesinnter und sozialer, ein sich sorgender Mensch. Die Geschichte der Stiftungen und der Stifter lenkt den Blick weg von der Ereignisgeschichte und hin auf den einzelnen Menschen, auf seine Visionen und seine Sorgen. Stifter finden sich in allen Ständen und Schichten, unter Fürsten, Bürgern und Bauern. Gemeinsam ist ihnen die Sorge für die Zukunft, ob sie nun die eigene Familie, die Untertanen, die Bürger einer Stadt, die Religion, das eigene Seelenheil oder den Fortschritt der Wissenschaft betrifft.
Stiftungen werden auch errichtet, um Aufgaben zu lösen, die ein einzelner nicht bewältigen kann oder für die sich kein Mäzen findet. Das gilt etwa für Versorgungseinrichtungen wie Spitäler, aber auch für Bauwerke wie Kirchen oder Brücken. Solche Stiftungen leben von der Vielheit und dem genossenschaftlichen Miteinander der Stifter. Sie finden sich vor allem im städtischen Bereich.

Heute erleben Bürgerstiftungen als zeitgemäßes Zeichen des Bürgerengagements auch in Bayern eine Renaissance. Vorbild dieser jungen Bürgerstiftungen sind die rund 600 *Community Foundations* in den Vereinigten Staaten, die über ein Gesamtvermögen von 25 Milliarden Dollar verfügen.

Immer diente das Stiftungswesen auch dazu, Bildung und Wissenschaft zu fördern. Wir sehen es heute als selbstverständlich an, dass Bildung und Wissenschaft zu den Kernaufgaben des Staates gehören und dass der Staat durch regelmäßige Zahlungen den Unterhalt von Bildungseinrichtungen und Wissenschaftsinstitutionen sichert. Dies war jedoch nicht immer so. Vor dem 19. Jahrhundert war es üblich, dass sich die Landesherren und Obrigkeiten, aber auch Städte und Privatleute der Stiftungsform bedienten, wenn sie Bildungseinrichtungen von Dauer, wie etwa die Universitäten, schaffen wollten.

Auch die Gründung der Universität Ingolstadt im Jahre 1472 war ein Stiftungsakt. Herzog Ludwig der Reiche von Bayern-Landshut gründete die Universität und stattete sie mit entsprechenden Gebäuden und mit Landbesitz aus, aus dessen Erträgen die Gehälter der Professoren und der Sachaufwand bestritten wurden.

Nicht nur für die Professoren und die Unterrichtsgebäude, sondern auch für die Studierenden und ihre Unterbringung musste gesorgt werden. Alle mittelalterlichen Universitätsgründungen kannten Kollegien, in denen Studierende gemeinsam lebten und studierten. In Ingolstadt wurde so mit dem *Georgianum*, das Herzog Georg der Reiche 1494 stiftete, ein Kollegium für die Studierenden der Theologie eingerichtet. Die Stiftung besteht bis heute. Wenig später kam es zu ersten Stipendienstiftungen, bei denen sich Familienstiftungen, Lokalstiftungen und allgemeine Stiftungen unterscheiden lassen. Familienstiftungen wurden zugunsten von Studierenden aus einer bestimmten Familie, Lokalstiftungen zugunsten von Studierenden aus einer bestimmten Stadt oder aus einem bestimmten Gebiet eingerichtet. Die Lokalstiftungen wurden zum großen Teil nicht von der Universität verwaltet, sondern von der jeweiligen Gemeinde- bzw. Stadtverwaltung. Sie waren noch im 19. Jahrhundert sehr zahlreich und bedeutsam, werden aber hier nicht weiter behandelt, weil ein Überblick nur mit Hilfe einer Recherche in den jeweiligen Orten möglich wäre. Die allgemeinen Stipendienstiftungen schließlich stellten in der Regel Mittel für begabte und bedürftige Studierende einer bestimmten Fachrichtung bereit. Meistens oblag die Auswahl der Stipendiaten der Universität.

Seit dem 19. Jahrhundert treten neue Stiftungen hinzu, die Mittel für bestimmte wissenschaftliche Forschungen, für wissenschaftliche Arbeiten wie Dissertationen, für Forschungsreisende oder für einen bestimmten Lehrstuhl bereitstellen. Solche Stiftungen, die vor allem im medizinischen Bereich angesiedelt sind, machen heute zahlenmäßig den größten Teil der Stiftungen aus. Ihren Ursprung haben sie in Stiftungen zugunsten von Fürsorgeeinrichtungen, wie Spitäler und Krankenhäuser. Auch der Bau eines Großteils der Münchner Universitätskliniken im 19. Jahrhundert wurde durch eine Stiftung ermöglicht.

Die Mehrzahl der in diesem Buch beschriebenen Stiftungen, die durch weitere Forschungen sicherlich noch ergänzt werden könnten, existiert heute nicht mehr. Die meisten sind in der Inflationszeit nach dem Ersten Weltkrieg, spätestens aber in der Folge des Zweiten Weltkriegs zugrunde gegangen oder haben derart an Wert eingebüßt, dass dem Stiftungszweck nicht mehr entsprochen werden konnte. Ihr Verlust gehört mit zu den Katastrophen, die uns das 20. Jahrhundert beschert hat. Umso wichtiger ist es, die Erinnerung an diese Stiftungen wach zu halten.

Mit dem Verlust der Stiftungen nach dem Ersten Weltkrieg erlosch in Deutschland weitgehend auch die Bereitschaft zu neuen Stiftungen. Für uns ist es heute selbstverständlich, dass allein der Staat die Kosten für Forschung und Lehre bestreitet und so die Universitäten quasi als staatliche Anstalten betreibt. Dass es auch andere Modelle gibt, zeigt die Geschichte. Man kann sich aber auch in anderen Ländern umsehen, wo, wie etwa in den Vereinigten Staaten, die Stiftungen die Zeiten überdauert haben. Zahlreiche Universitäten in Amerika leben heute zum großen Teil von ihrem Stiftungsvermögen, dazu natürlich von den Studiengebühren. Es sind die anerkannt besten Hochschulen der Vereinigten Staaten, die von Stiftungen getragen werden und die dabei auf beträchtliche Eigenmittel zurückgreifen können. Fast beschämend für deutsche Universitäten ist die Stiftungsbereitschaft der Amerikaner zugunsten ihrer ehemaligen Hochschulen. Die Höhe der jährlichen privaten Zuwendungen an gewisse amerikanische Universitäten entspricht nahezu dem gesamten Jahresetat des Freistaats Bayern für seine Hochschulen.

Auch bei uns könnten Stiftungen dazu beitragen, nicht nur die steigenden Kosten für Ausbildung und Forschung aufzufangen, sondern auch eine Deregulierung in allen Bereichen der „Gemeinwohlverwaltung" voranzutreiben. Stiftungen sind das eleganteste Mittel, um eine staatliche Allgegenwart durch Bürgerkultur zu ersetzen. Darüber hinaus fördern sie im akademischen Bereich die Autonomie der Universitäten und das in Deutschland fast völlig abhanden gekommene „Wir-Bewusstsein" der Universitätsangehörigen und Universitätsabsolventen.

Herzog Ludwig IX. der Reiche von Bayern-Landshut (1417–1479),
der Stifter der heutigen Ludwig-Maximilians-Universität München.

Ölgemälde von Franz Ignaz Oefele, 1773.

2. Die Ludwig-Maximilians-Universität – selbst eine Stiftung

DIE EUROPÄISCHEN UNIVERSITÄTS-STIFTUNGEN DES MITTELALTERS

Die Idee der Universität in Europa ist fast 400 Jahre älter als die Ingolstädter Universitätsgründung. Die ältesten europäischen Universitäten in Italien und Frankreich entstanden um 1100 im Zusammenhang mit der Wiederentdeckung des *Corpus Juris*, der logischen Schriften des Aristoteles und der griechisch-arabischen Medizin. Damals bildeten die Studenten und die Lehrer jeweils genossenschaftliche Vereinigungen, die in der Lage waren, den Lehrbetrieb unabhängig vom jeweiligen Landesherrn zu organisieren oder auch bei Bedarf als Ganze den Ort zu wechseln. Diese Genossenschaft der Studenten, die *Universitas studiorum*, gab auch der Universität bis heute ihren Namen.

Die mittelalterliche Universitätsbewegung, die auf dem grenzenlosen Vertrauen in die wiederentdeckten Texte und in deren lukrative Verwertbarkeit beruhte, stieß zunächst auf das Misstrauen der Kirche, die den Verlust ihres Lehrmonopols befürchtete. Schließlich aber fand sie im Papsttum die entscheidende zustimmende und fördernde Instanz. In Italien blieb die Universitätsbewegung vor allem eine städtische Angelegenheit. Die Universität Bologna, deren Gründung sicherlich bereits vor 1200 datiert werden kann, erhielt im Jahre 1252 Statuten. Ihr Lehrerkollegium wurde aus der städtischen Salzsteuer bezahlt, daher die Bezeichnung *salarium*. Die dann im 13. Jahrhundert in ganz Europa entstehenden Universitäten, etwa Salamanca 1218/19, Padua 1222, Neapel 1224, Toulouse 1229, gehen neben städtischen auch auf kirchliche und landesherrliche Initiativen zurück. Sehr unterschiedlich war die fachliche Ausrichtung der europäischen Universitäten des 13. und 14. Jahrhunderts. Manche, wie Oxford und Cambridge, widmeten sich mehr dem Philosophie- und Theologieunterricht, andere, wie die Universitäten im Mittelmeerraum, verschrieben sich eher der Jurisprudenz. Die 1289 formell gegründete Universität Montpellier stellte die Medizin in ihr Zentrum.

Der eigentliche Aufschwung der Universitätsbewegung fällt in das 14. und 15. Jahrhundert. 1348 wurde in Prag durch Kaiser Karl IV. die erste Universität Mitteleuropas ins Leben gerufen. Es folgten Krakau 1364, Wien 1365, Erfurt 1379, Heidelberg 1386, Köln 1388, Leipzig 1409, Rostock 1419, Trier 1454/1473, Greifswald 1456, Freiburg/Br. 1457, Basel 1459, Mainz 1476, Tübingen 1476, Frankfurt/Oder 1498/1506. In diese deutsche Gründungswelle ist auch Ingolstadt mit seiner 1459 begonnenen und 1472 abgeschlossenen Universitätsgründung einzuordnen.

Im Unterschied zu den italienischen und manchen französischen Universitäten besaßen die deutschen Universitäten in der Regel vier Fakultäten, wobei sich im Laufe der Geschichte sowohl der Name der Fakultäten als auch die Bezeichnung der von ihnen verliehenen akademischen Grade veränderten. Mit diesen vier Fakultäten, der philosophischen, der theologischen, der juristischen und der medizinischen Fakultät, glaubte man alle Wissensgebiete abgedeckt zu haben. An der philosophischen Fakultät, nach den alten *Septem Artes liberales* auch Artistenfakultät genannt, absolvierten die Studenten das Grundstudium für die drei höheren Fakultäten. In der Artistenfakultät spielten wie bei den Medizinern vor allem die Schriften des Aristoteles die entscheidende Rolle, während sich die Juristen der Kommentierung des wiederentdeckten römischen Rechts, soweit es von Kaiser Justinian 532/33 gesammelt worden war, widmeten.

BAYERN IM 15. JAHRHUNDERT – LUDWIG DER REICHE VON BAYERN-LANDSHUT

Zu Beginn des 15. Jahrhunderts bestand das bayerische Herrschaftsgebiet aus vier Teilherzogtümern, nämlich Bayern-München, Bayern-Landshut, Bayern-Straubing und Bayern-Ingolstadt. Die Teilungen, die ihren Ursprung im Jahr 1255 haben, gehen im Wesentlichen auf das Jahr 1392 zurück. Die Pfälzer Gebiete waren schon 1329, seit dem Hausvertrag von Pavia, von einer eigenen Linie verwaltet worden. Damals war auch ein großer Teil der Oberpfalz an die vor allem in Heidelberg residierende Pfälzer Linie gelangt. Erst im Jahr 1799 wurden wieder alle wittelsbachischen Länder unter einem Herrscher vereinigt. In Altbayern begann der „Wiedervereinigungsprozess" mit dem Ende des Herzogtums Bayern-Straubing, das 1429 vor allem zwischen Bayern-München und Bayern-Landshut aufgeteilt wurde. Als 1447 der letzte Herzog der Linie Bayern-Ingolstadt, Ludwig der Gebartete, starb, fiel sein gesamtes Erbe an Herzog Heinrich den Reichen von Bayern-Landshut. Unter Herzog Ludwig dem Gebarteten hatte Ingolstadt eine

Blütezeit erlebt. Seine Schwester Isabella, besser bekannt unter dem Namen Isabeau de Bavière, war Königin von Frankreich, und mit ihrer Hilfe brachte Ludwig einiges vom Glanz und Reichtum Frankreichs nach Ingolstadt. Er ließ das Neue Schloss und die Obere Pfarrkirche erbauen, deren Grundstein 1425 gelegt wurde. Dieses Gebäude, das so genannte Münster mit seinen einmaligen, über Eck gestellten Türmen, verrät nicht nur französischen Einfluss, sondern bezeugt auch die stolze und auftrumpfende Art des letzten Ingolstädter Herzogs, der durch seine aggressive Politik mit fast allen Nachbarn im Streit lag und schließlich im Elend endete. Zum Teilherzogtum Ingolstadt gehörten neben dem Land um die Residenzstadt Ingolstadt auch die Gerichte Kufstein, Kitzbühel und Rattenberg im Inntal, deren Erzreichtum den Ruf der „reichen" Landshuter Herzöge mitbegründete.

Auf Herzog Heinrich den Reichen, der nach dem Tod Ludwigs des Gebarteten über Landshut und Ingolstadt herrschte, folgte sein Sohn Ludwig, der wie sein Vater den Beinamen „der Reiche" erhielt. Er wurde am 23. Februar 1417 in Burghausen geboren und starb am 18. Januar 1479 in Landshut. Seine Grabstätte fand er im Zisterzienserkloster Seligenthal. Ludwig trat die Regierung in Niederbayern im Jahr 1450 an. 1452 heiratete er Amalia, die Tochter des sächsischen Kurfürsten Friedrich des Sanftmütigen. 1459 übernahm er Dr. Martin Mair, den geistigen Vater der Universität Ingolstadt, aus Pfälzer Diensten. Nicht nur in der Auswahl seiner Räte, sondern auch in seiner Wirtschaftsführung bewies Ludwig eine glückliche Hand. Strenge Kontrolle der Finanzverwaltung, eine florierende Landwirtschaft sowie steigende Erträge aus seinen Bergwerken machten Ludwig zu einem der reichsten Fürsten in Mitteleuropa. Über seinen Kanzler Dr. Martin Mair versuchte Ludwig auf die damals aktuelle Reichsreform Einfluss zu nehmen. Vor allem war Ludwig an einem Reichslandfrieden, also an einer Abschaffung der Fehde interessiert. Im Innern hat sich Ludwig durch den Erlass einer Landesordnung im Jahr 1474 als einer der ersten Fürsten des Reichs um eine Gesetzgebung auf dem Gebiet der Verwaltungs- und Rechtspflege bemüht. 1475 richtete er seinem Sohn Georg in Landshut eine besonders prachtvolle Hochzeit mit der polnischen Königstocher Jadwiga aus. Sie ging als „Landshuter Fürstenhochzeit" in die Geschichte ein.

DIE UNIVERSITÄTSGRÜNDUNG 1472

Dass es 1472 in Ingolstadt zur ersten Universitätsgründung im süddeutschen Raum kam, hat mehrere Gründe. Geplant war die Gründung bereits 1453, doch erst 1458 schrieb Herzog Ludwig der Reiche einen Brief an den gelehrten Papst Pius II., in dem er um die Genehmigung dafür bat. Diese erteilte der Papst in seiner Antwortbulle vom 7. April 1459 unter Hinweis auf die überragende Bedeutung der Universitäten als Perlen der Wissenschaft. Schon

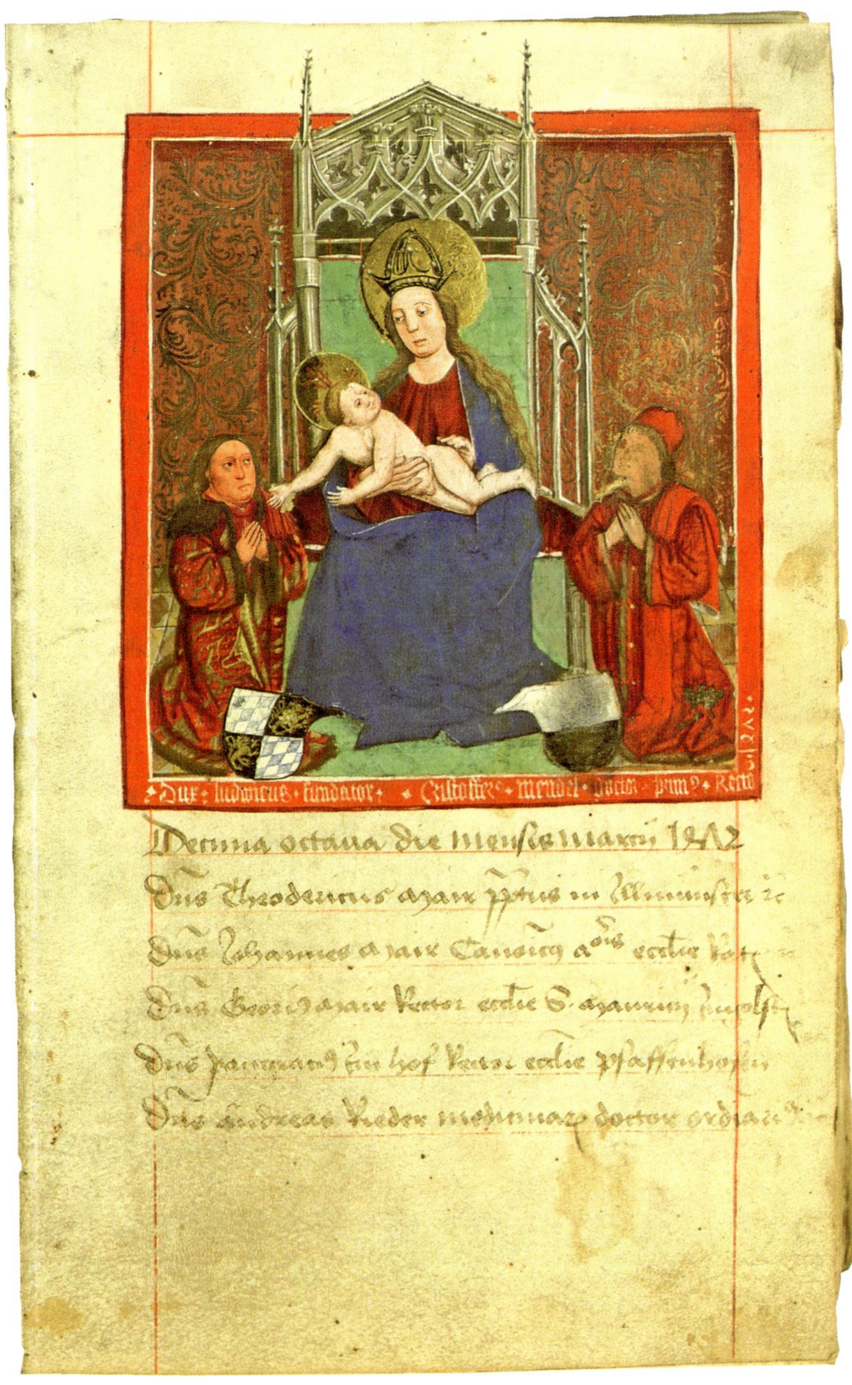

Sog. Stifterblatt von 1472, eingebunden in das älteste Matrikelbuch (1472–1547) der nachmaligen Ludwig-Maximilians-Universität. Links zu Füßen der Madonna mit Kind der Stifter, Herzog Ludwig der Reiche, rechts der erste Rektor der neu gegründeten „Hohen Schule" zu Ingolstadt, Mendel von Steinfels.

der bayerische Geschichtsschreiber Aventin meinte, dass dem bayerischen Rat und Kanzler Dr. Martin Mair ein Hauptverdienst an der Gründung zukomme. Nach Aventin hatte der Herzog seine Räte angewiesen, sie sollten ihm „eine hohe Schuel zu Ingolstadt stiften und zuerichten, alda ich mir weis vernünftig glert Leut, die mir, auch Land und Leuten, raten und helfen künten, auferziehen möcht". Die Einrichtung der Universität verzögerte sich freilich auch nach der päpstlichen Genehmigung noch um dreizehn Jahre.

Erst im Jahr 1472 wurde der Stiftungsakt offiziell vollzogen. Im Stiftungsbrief spielte der Herzog und nicht der Papst die wesentliche Rolle, auch wenn die Universität das damals übliche Maß an Selbstbestimmung erhielt. So hatten die akademischen Bürger einen eigenen Gerichtsstand, die Organe der Universität, die Zoll- und Steuerfreiheit genoss, hatten das Satzungsrecht und verwalteten sich selbst. Die Universität war in die vier üblichen Fakultäten eingeteilt. In ihrem Hauptgebäude, dem ehemaligen Pfründnerhaus, wurde das Kollegium der Universität eingerichtet, das heißt, hier wohnten sechs Magister der artistischen Fakultät, die unentgeltliche Vorlesungen halten sollten. Sie konnten wie die außerhalb wohnenden Magister, die als Lehrmeister Gebühren verlangen durften, für die Studenten eigene Bursen, also Internate, unterhalten. Die ersten Magister der Universität kamen von den Universitäten Wien und Leipzig. Schon im Gründungsjahr 1472 absolvierte der erste Studierende oder Scholar das Bakkalaureatexamen, mit dem das Studium an der Artistenfakultät abgeschlossen wurde. Am 1. Januar 1473 wurden bereits acht Bakkalare zum Magister Artium promoviert.

Ingolstadt bot sich als besonders günstiger Standort für eine Universität an, da die ehemalige, seit 1447 verwaiste Residenzstadt des Herzogtums Bayern-Ingolstadt alle Voraussetzungen für die Unterbringung einer solchen Institution erfüllte. Nicht nur waren die notwendigen Gebäude und das für die Versorgung wichtige Hinterland vorhanden, vielmehr standen auch geeignete Verwaltungsbeamte und potentielle Universitätslehrer an kirchlichen und weltlichen Einrichtungen zur Verfügung. Vor allem aber war die finanzielle Dotierung gesichert und zwar so ausreichend, dass Ingolstadt um 1500 als die reichste Universität im Deutschen Reich galt. Dabei ging es Herzog Ludwig dem Reichen und seinen Nachfolgern keineswegs nur um die Pflege der reinen Wissenschaft und um die Heranbildung von Theologen. Für die bayerischen Landesherren war vor allem die Sicherung eines geeigneten juristischen Nachwuchses von zentraler Bedeutung. Schon die Herzöge von Bayern-Ingolstadt hatten es verstanden, sich für ihre innen- und außenpolitischen Aktivitäten des Rates und der Argumentation von Juristen zu versichern. Auch die Herzöge von Bayern-Landshut, deren Politik bereits europäische Dimensionen annahm, konnten nicht mehr ohne juristische Hilfe auskommen. Doch waren es nicht nur Juristen, die bald den Ruhm der Universität verbreiteten. Mit Conrad Celtis aus Wipfeld bei Würzburg, der Vorlesungen über Cicero hielt, fasste Ende des 15. Jahrhunderts der Humanismus erstmals Fuß in Deutschland.

Auch nach dem Aussterben der Landshuter herzoglichen Linie im Jahr 1503, an dem sich der furchtbare bayerische Erbfolgekrieg entzündete, konnte die Universität ihren hohen Standard halten. Genannt seien nur der bayerische Geschichtsschreiber Aventin und der Hebraist Reuchlin, durch die die humanistische Tradition fortgeführt wurde. Der Theologe Johannes Eck, einer der bedeutendsten Gegner Luthers, machte Ingolstadt zu einem Zentrum der theologischen Auseinandersetzung im Zeitalter der Reformation.

DIE STIFTUNGEN

Der finanziellen Grundausstattung der Universität dienten hauptsächlich zwei in Ingolstadt bestehende Stiftungen, die noch vom letzten Herzog der Linie Bayern-Ingolstadt, Ludwig dem Gebarteten, herrührten. Es handelte sich dabei um das Vermögen des Pfründnerhauses, dessen Gebäude von der Universität übernommen wurde, sowie um eine weitere, wohl nach Nürnberger Vorbild errichtete *Zwölfbrüderhausstiftung*. Die Verwendung beider Stiftungen für Zwecke der Universität war von Papst Paul II. am 26. Februar 1465 genehmigt worden. Die Umwidmung und „Zwangsräumung" der beiden Stiftungen waren nicht einfach, und wahrscheinlich lag hierin der Grund, dass sich die 1458 angestoßene Universitätsgründung um ganze vierzehn Jahre verzögerte. Die beiden Stiftungen, zu denen etwa die Hofmarken Bach im Landgericht Aichach und Unterhaunstadt im Landgericht Ingolstadt gehörten, wurden durch Leistungen des Domkapitels Eichstätt ergänzt. Das Kapitel stellte eine Kanonikatspfründe für einen Doktor der Theologie zur Verfügung, allerdings unter der Bedingung, dass dieser das Domkapitel bei Bedarf berate. Die Universität erhielt zudem zwei weitere Pfründen, deren Präsentationsrecht, also das Recht, die Pfründen zu verleihen, bislang beim Eichstätter Domkapitel gelegen hatte. Die päpstliche Genehmigung hierfür erfolgte im Jahr 1467. Zwei Jahre später, 1469, ordnete Papst Paul II. jährliche Geldzahlungen aus der Pfarrei St. Martin in Landshut und aus der Pfarrei Unserer Lieben Frau in Landau an. Dazu kamen noch die Einkünfte und Besitzungen der Ingolstädter Franziskaner, deren Kloster 1466 enteignet und den Observanten, einem strengeren, dem Armutsideal verpflichteten Zweig der Franziskaner, übergeben worden war. Mit dieser vergleichsweise großzügigen Ausstattung, die eine Jahresrente von etwa 2.500 Gulden erbrachte, gehörte die Universität Ingolstadt schon bei ihrer Gründung zu den reichsten Universitäten in Deutschland.

Altes Universitätsgebäude in Ingolstadt, Rekonstruktion des Zustands um 1571.
Skizze aus Karl Emil Schafhäutl, Topische Geschichte der Universität Ingolstadt, München 1856, Tafel III.

Auch die Ingolstädter Pfarreien St. Moritz und Zur Schönen Unserer Lieben Frau hatten der Universität zu dienen. Ihre Pfarrpfründen wurden den Lehrstühlen der Theologie zugeschlagen und beide Pfarren 1524 der Universität inkorporiert, so dass jeder Ingolstädter Pfarrer zugleich Professor an der Universität war. Schon seit 1472 waren die Güter der beiden Pfarreien teilweise an die Universität gekommen, so von der Pfarrei Zur Schönen Unserer Lieben Frau etwa vierzehn Güter im Markt Aindling, Landgericht Aichach, und die Hofmark Sulzbach.

Um 1600 hatte die Universität Einnahmen von 4.820 Gulden und Ausgaben in etwa der gleichen Höhe. Doch drückten die Hochschule noch erhebliche Schulden aus Zeiten, in denen die von den Hofkastenämtern Aichach und Ingolstadt für die Universität eingesammelten Getreideeinnahmen wenig Geld erbracht hatten. Insgesamt belief sich die Schuld der Universität auf 6.200 Gulden, für die die üblichen fünf Prozent Zinsen gezahlt werden mussten. Aus dieser Finanzmisere erlöste Herzog und Kurfürst Maximilian von Bayern die Universität, indem er 1606 bei Papst Paul V. die Auflösung des von den Augustiner-Chorherren verlassenen Klosters Schamhaupten im Landgericht Riedenburg und die Übertragung von dessen Gütern und Rechten an die Universität erwirkte. Mit dem Erwerb Schamhauptens rückte die Universität an die Stelle des Klosters als bayerischer Landstand und erhielt Sitz und Stimme auf der Prälatenbank der bayerischen Landschaft als der Gesamtheit der Landstände.

Der Grundbesitz der Universität hatte nun einen beträchtlichen Umfang. Er bestand zusätzlich aus mehreren Hofmarken, in denen die Universität als Gerichtsherrin die Niedergerichtsbarkeit über die Untertanen ausübte. Freilich war der Besitz auch sehr zerstreut, so dass die Universität versuchte, ihn durch Tausch und Neuerwerbungen abzurunden und seine Verwaltung zu straffen. Um 1620 erwarb die Universität die Hofmark Rockolding im Landgericht Pfaffenhofen.

Größere Veränderungen im Güterbestand der Universität brachte vor allem die 1773 erfolgte Aufhebung des Jesuitenordens. Sie hatte für Ingolstadt einschneidende Folgen, denn die zugunsten der Universität gestifteten Vermögen der Jesuiten standen nun zur Disposition des Landesherrn. Beispielsweise wurde das unter der Verwaltung der Jesuiten stehende *Kollegium Albertinum* aufgehoben. Übrig blieb eine magere Stipendienstiftung mit einem Kapital von etwa 5.000 Gulden. Um der Universität etwas aufzuhelfen, wurden ihr 1784 die Einkünfte aus dem so genannten anglischen Kolleg in Lüttich zugewiesen. Dieses war von Kurfürst Maximilian mit einer Summe von 200.000 Gulden, ver-

Markt Aindling um 1700. Aindling gehörte zum Ausstattungsgut der Ingolstädter Universität.
Kupferstich von Michael Wening aus dessen „Beschreibung des Kurfürsten- und Herzogtums Ober- und Niederbayern", Bd. 1, München 1701.

zinslich zu fünf Prozent, dotiert worden. Die Einkünfte in Höhe von 10.000 Gulden sollten der Ausbildung von englischen Priestern zugute kommen.

Mit der Verlagerung der Universität nach Landshut seit dem Jahr 1800 änderte sich die Vermögensstruktur grundsätzlich. Nun griff der seit 1799 zentralistisch und bürokratisch regierte Staat, dessen Exponent der Staatsminister Montgelas war, auch auf das Vermögen der als Stiftung konstruierten Universität zu. Im Rahmen der großen Stiftungs- und Verwaltungsreformen im neuen Königreich Bayern gestaltete man auch die Universität zu einer staatlichen Anstalt um, die grundsätzlich von München aus verwaltet und dirigiert wurde – ein Modell, das sich freilich nicht lange bewährte. Während das Grundvermögen der Universität, also ihre landesherrliche Fundation, immer wieder zur Disposition stand, so blieben doch die privaten und landesherrlichen Stiftungen, soweit sie den Studierenden zugute kamen, im Wesentlichen unberührt. Sie stellen ein wichtiges Element der Kontinuität dar und wurden selbst in der napoleonischen Zeit mit ihren Kriegsnöten und Säkularisationen respektiert. Erst im 20. Jahrhundert fielen die meisten alten, vielfach noch aus dem Mittelalter und der frühen Neuzeit herrührenden Stiftungen der Inflation und den Währungsreformen zum Opfer.

Herzog Georg der Reiche von Bayern-Landshut (1455–1503), der Stifter des Georgianums.

Bildnis von Peter Gertner, Öl auf Holz, um 1531/32, aus der Porträtsammlung des Pfalzgrafen Ottheinrich auf Schloss Neuburg an der Donau.

3. Das Georgianum

DIE GRÜNDUNG 1494

Herzog Georg der Reiche, der seinem Vater Ludwig 1479 in der Regierung nachfolgte, war der letzte Herrscher der Linie Bayern-Landshut. Sein Andenken ist bis heute in der Landshuter Fürstenhochzeit lebendig geblieben, mit der an seine Vermählung mit der polnischen Königstochter Jadwiga erinnert wird. Die Ehe blieb ohne männliche Nachkommen. Tochter Elisabeth heiratete Rupprecht, den Sohn des Pfälzer Kurfürsten. Als Herzog Georg 1503 starb und zuvor in seinem Testament die Nachkommen seiner Tochter zu Erben des Herzogtums Bayern-Landshut eingesetzt hatte, entbrannte mit dem Landshuter Erbfolgekrieg zwischen den Münchner und den Pfälzer Wittelsbachern ein blutiger Kampf um das Erbe, den schließlich Herzog Albrecht von Bayern-München für sich entscheiden konnte. Die im Kölner Schiedsspruch von 1505 verfügte Gründung des Fürstentums Neuburg unweit Ingolstadts aus Gebietsteilen von Bayern-Landshut diente der Entschädigung der Pfälzer. Das Fürstentum Neuburg gemahnte bis zu seinem Aufgehen im Kurfürstentum Bayern im Jahr 1777 daran, dass nach dem Willen des Herzogs Georg Ingolstadt und seine Universität eigentlich hätten pfälzisch werden sollen.

Über seinen Schwiegersohn Rupprecht hatte Herzog Georg enge Verbindungen nach Heidelberg und zur dortigen, 1386 gegründeten Universität. Sein großzügiges finanzielles Engagement für die Universität Ingolstadt, vor allem seine Stipendienstiftung aus dem Jahr 1494, die bis heute seinen Namen trägt, war nicht zuletzt am Vorbild Heidelbergs orientiert.

Die Gründung des Herzogs, die mit Stiftungsbrief vom 15. Dezember 1494 erfolgte, kann sich mehrerer Superlative rühmen. Das *Collegium Georgianum* ist das zweitälteste Priesterseminar der Welt und das einzige landesherrliche Stipendienkolleg auf deutschem Boden vor der Reformation. Seine Geschichte ist beispielhaft für die Wirkung und Dauerhaftigkeit einer großen Stiftung. Zu Beginn war das *Georgianum* als Internat zur Beherbergung und Verköstigung von elf armen Studenten gedacht. Im *Georgianum* sollten „durch schriftgelehrte Kunst und Lehre" der christliche Glaube und das gottesfürchtige Leben gefördert werden und die menschliche Vernunft Erleuchtung finden.

Als das *Georgianum* ins Leben gerufen wurde, waren Studentenhäuser, besonders an den französischen und englischen Universitäten, bereits wohl bekannte Einrichtungen. Meistens handelte es sich dabei um private Gründungen und Stif-

Stiftungsbrief Georgs des Reichen vom 15. Dezember 1494.

tungen. Bei den deutschen Universitätsgründungen konnten die Studenten zunächst mit Hilfe privater Pfründestiftungen oder durch die kostenpflichtige Unterbringung in Bursen versorgt werden. Als aber im 15. Jahrhundert die private Stiftungsfreudigkeit nachließ, zeigte sich die Notwendigkeit, neben den vorrangig für den Unterhalt von Professoren gedachten Artistenkollegien zusätzlich noch Studentenkollegien einzurichten. Freilich blieben die deutschen Kollegien weit hinter dem zurück, was schon ein Jahrhundert früher in Paris, Oxford oder Cambridge an Kollegien entstanden war.

Das *Georgianum* als landesherrliche Kolleggründung war nicht zuletzt die obrigkeitliche Reaktion auf das Ausbleiben privater Stipendienstiftungen. Die Universität verfügte lediglich über ihr Artistenkolleg und über eine Handvoll nicht dotierter Bursen, also meist gemieteter Häuser, in denen sich die Studenten einquartierten, soweit sie nicht von den Professoren und Kollegiaten in deren Häusern aufgenommen wurden. Dies galt vor allem für die Studierenden der Grundlagenfächer, für die Artisten. Die älteren, weniger zahlreichen und in der Regel vermögenden Juristen konnten sich solchen Zwängen größtenteils entziehen.

Allerdings war die Sicherung des Unterhalts armer Studenten nicht das einzige Motiv Herzog Georgs für die Stiftung des *Georgianums*. Es war auch die typisch spätmittelalterliche Sorge für sein Seelenheil, die den Herzog bewog, diese und andere Stiftungen ins Werk zu setzen. Ein weiteres Motiv schließlich lag in der Sorge um das Wohl des Landes, das durch die Ausbildung guter und frommer Studenten gefördert werden sollte.

Wie sehr die Gründung des *Georgianums* auf das gesamte Herzogtum Bayern-Landshut bezogen war, zeigen die Modalitäten der Stiftung. Elf Städte erhielten das Präsentationsrecht für je eine Kollegiatur der Einrichtung. Eröffnet wurde das *Georgianum* mit der ersten Regenswahl und der Stipendienpräsentation im Jahr 1496. Die Laufzeit der Stipendien war auf fünf Jahre beschränkt. Der mindestens 16-jährige Stipendiat schloss in der Regel den auf drei Jahre normierten artistischen Kurs mit dem Magisterium ab und hatte in der verbleibenden Zeit Theologie zu studieren, ohne dass über den Abschluss eine Bestimmung getroffen worden wäre. Das deutet auf eine sehr praxisorientierte und weniger wissenschaftliche Zielrichtung der Stiftung hin, da für einen Pfarrer oder Schulmeister eine Ausbildung ohne Erlangung des Doktorgrads der Theologie völlig genügte.

Die Selbstverwaltungskompetenz des *Georgianums* blieb von Anfang an beschränkt. Im Unterschied zum Artistenkolleg, das nun *Altes Kolleg* genannt wurde, war das *Georgianum* keine sich selbst verwaltende Genossenschaft mit gleichberechtigten Mitgliedern. Sogar die große Freiheit des Regens, seines Leiters, in wirtschaftlichen Dingen wurde durch das Eingreifen der landesherrlichen Beamten oder des Herzogs beschränkt. Der Gesamtertrag der für das *Georgianum* bereitgestellten Dotationen betrug ungefähr 250 Gulden an Barbeträgen, besonders dem Zehnt aus dem Ort Meckenheim und Naturalabgaben in Getreide. So ergab sich für jeden der elf Stipendiaten der relativ bescheidene Versorgungssatz von etwa 20 Gulden. Diesen Betrag schrieb die Stiftungsurkunde als Mindestsatz für private Zustiftungen vor. Erst gegen Ende des 16. Jahrhunderts erhöhte sich dieser Satz angesichts der allgemeinen Inflation vielfach um das Doppelte. Eine zusätzliche Einnahmequelle erschloss sich das *Georgianum* durch die Vermietung von Wohnplätzen an zahlende Studenten.

Angesichts der Bedeutung des theologischen Studiums, auch hinsichtlich der Studentenzahlen, verwundert es nicht, dass die ersten privaten Stipendienstiftungen im 16. Jahrhundert vor allem Stiftungen zugunsten von Theologiestudenten waren. Als „Bollwerk" der Gegenreformation zog Ingolstadt entsprechende Stiftungen geradezu an. Juristisch handelte es sich in den meisten Fällen um Zustiftungen zum *Geor-*

Das Georgianum in Ingolstadt im 16. Jahrhundert: in der Bildmitte der Altbau des Georgianums aus dem 15. Jahrhundert und die Kirche St. Peter und Paul, rechts der Neubau des Georgianums von 1582, links die Hohe Schule.

Kolorierte Zeichnung aus dem Jahr 1883.

gianum, zu denen Herzog Georg bereits in seinem Stiftungsbrief aufgerufen hatte. Neben diesen an Ingolstadt gebundenen und von der Universität verwalteten Stiftungen, die in der Regel Familienangehörige des Stifters begünstigten, begegnen uns mehr und mehr auch Familienstiftungen zugunsten von Studenten, die meist von der Kommune verwaltet wurden, aus der der jeweilige Stifter stammte. Über diese Stiftungen ist wenig bekannt, da sie nur in lokal begrenztem Raum Spuren hinterlassen haben.

Die erste Zustiftung zum *Georgianum* kam von dem 1508 im Alter von 80 Jahren verstorbenen Theologieprofessor und Eichstätter Domherrn Georg Zingel. Zingel war viermal Rektor und über 30-mal Dekan gewesen. Er galt als Muster an Pflichterfüllung und Gerechtigkeitssinn. Bekannt wurde er durch seine Auseinandersetzungen mit dem Celtis-Schüler und -Nachfolger, dem Philomusus genannten Poetikprofessor Jacob Locher. Zingel war mit dem anmaßend auftretenden Locher vor allem wegen dessen freier Lebensweise, der freizügigen Verwendung antiker Texte und wegen ihrer abweichenden Meinungen in der Frage nach dem Verhältnis von Poetik und Theologie in Streit geraten.

Die Zustiftung von Zingel, die für zwei Studenten gedacht war und einen jährlichen Ertrag von etwa 50 Gulden abwarf, erwies sich allerdings als problematisch, da sie aus vielen kleinen Geldquellen gespeist

Epitaph Georg Zingels († 1508) in der Franziskanerkirche zu Ingolstadt. Zingel, seit 1475 Professor an der Universität Ingolstadt, war der erste private Stifter der Universität.

wurde. Die Einziehung der Mittel war deshalb mit einem unverhältnismäßigen Aufwand verbunden, so dass der Nutzen der Stiftung mit der Zeit fragwürdig erschien. Kompliziert war auch das Auswahlverfahren. Präsentationsberechtigt waren die beiden Odenwälder Städte Schlierstadt, woher Zingel stammte, und Buchen. Stipendienberechtigt waren nur Verwandte des Stifters, ersatzweise Studenten aus dem Odenwald.

Eine weitere Stiftung geht auf das Jahr 1513 zurück. Auch hier handelte es sich um eine Familienstiftung, doch sind uns im Unterschied zu Zingel vom Stifter, dem Ingolstädter Kürschnermeister Hans Widmann, nur Herkunft, Beruf und Name bekannt. Erstaunlich ist aber allein schon die Tatsache, dass ein Nichtakademiker eine Stiftung einrichtete.

Bekannter ist uns der nächste Stifter, Professor Johann Permeter, meist nach seinem Heimatort im Vogtland Johann Adorf genannt. Sein eindrucksvolles Epitaph im Ingolstädter Liebfrauenmünster zeigt ihn als Dozierenden und als Totengerippe. Erst 1515, zehn Jahre nach seinem Tod, konnte das in seinem Testament vorgesehene Stipendium für vier Theologiestudenten eingerichtet werden.

Das *Georgianum* war, wie ausgeführt, vor allem für Studenten der Artistenfakultät bestimmt. Damit entsprach es in seiner Funktion den ebenfalls vorwiegend für solche Studenten bestimmten Bursen.

Detail des Epitaphs von Johann Permeter († 1505) im Ingolstädter Münster. Es zeigt den Professor während einer Vorlesung vor Studenten. Permeter war der dritte Rektor der Universität.

Daher stand das *Georgianum* folgerichtig auch unter der Aufsicht der Artistenfakultät. Im Jahre 1785 wurde durch zwei kurfürstliche Befehle vom 31. August und vom 9. November auf Veranlassung des Geistlichen Rates die Verfassung des *Georgianums* reformiert. Ein zweijähriger Besuch des *Georgianums* oder eines bischöflichen Seminars war nun die Voraussetzung für alle höheren Weihen. In Zukunft sollte jeder Stipendiat 120 Gulden erhalten. Zu diesem Zweck sollten die Stipendien entweder von den Patronen freiwillig ergänzt oder zusammengelegt oder so lange ausgesetzt werden, bis die Erträgnisse den Betrag von 120 Gulden erreicht hatten.

Einschneidend war, dass nun das *Georgianum* dem Geistlichen Rat in München als der für das Kultuswesen zuständigen Zentralbehörde direkt unterstellt wurde. Eine große Rolle spielten bei dieser Maßnahme offensichtlich der leichtfertige Umgang mit Stipendien und Benefizien sowie die Tatsache, dass die bisherige Zucht zu wünschen übrig gelassen hatte. Das *Georgianum* erhielt nun zusätzlich Zuwendungen aus dem Fonds des aufgehobenen Salzburger *Bartholomäer-Kollegiums*, das mit dem *Georgianum* vereinigt werden sollte. Die 1640 in Tittmoning in Oberbayern von Bartholomäus Holzhauser gegründete Weltpriestervereinigung besaß eigene Seminarien in Ingolstadt, Dillingen und Salzburg.

DAS GEORGIANUM IN LANDSHUT UND MÜNCHEN

Als Folge der im Jahr 1800 beschlossenen Verlegung der Universität von Ingolstadt nach Landshut bezog das *Georgianum* 1802 zunächst das Nonnenkloster zum Heiligkreuz, 1804 dann das Gebäude des ehemaligen Jesuitenkollegs in Landshut.

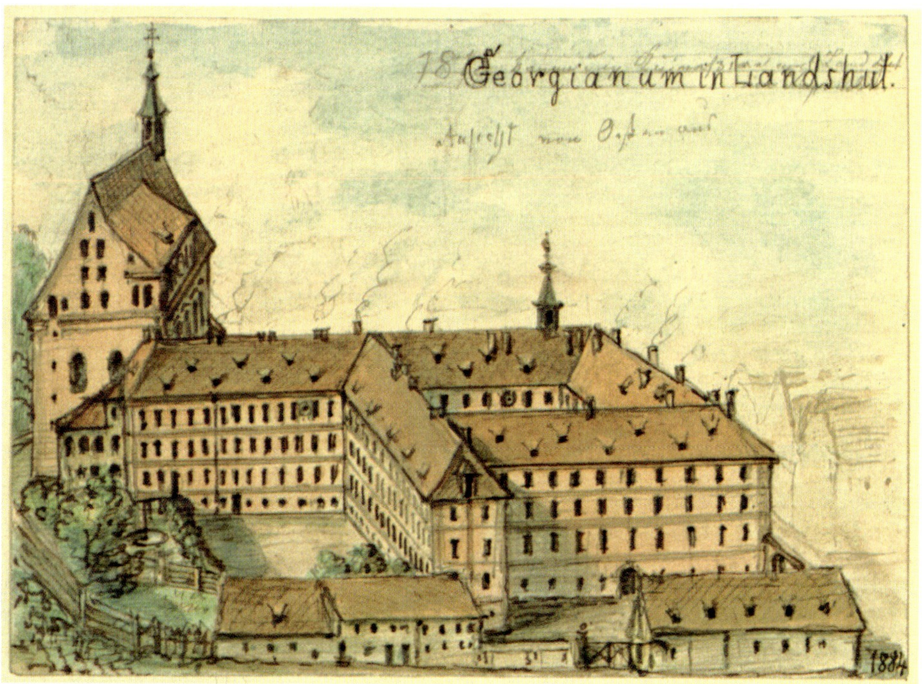

Das Jesuitenkolleg in Landshut war zwischen 1804 und 1826 Sitz des Georgianums.

Kolorierte Zeichnung aus dem Jahr 1884.

1806 wurde festgelegt, dass das *Georgianum* fortan von einem Lehrstuhlinhaber der Katholisch-Theologischen Fakultät der Universität zu leiten sei. Zwischen 1805 und 1826 hatte das *Georgianum* die Funktion eines Generalseminars für alle bayerischen Diözesen inne. Bereits seit 1785 und bis 1818 erhielt es die Fonds der Priesterseminare in Salzburg, Freising und Passau sowie die entsprechenden Stipendienstiftungen. Seit der Universitätsreform vom 20. Dezember 1815 wird das Vermögen des *Georgianums* vom Verwaltungsausschuss der Universität mitverwaltet. Im Jahr 1827 verfügte die Stiftung über ein Vermögen von 523.101 Gulden.

Im Zuge der Verlegung der Universität von Landshut nach München im Oktober 1826 wurde auch das *Georgianum* nach München umgesiedelt und zunächst im ehemaligen Karmelitenkloster untergebracht. Am 4. November 1841 bezog es das von Friedrich von Gärtner errichtete neue Gebäude, das als Teil der Universität von König Ludwig I. in die architektonische Gesamtkonzeption der Ludwigstraße eingebunden wurde. Allerdings wurde der Neubau, wie die Universitätsgebäude insgesamt, aufgrund der aufwendigen und unzweckmäßigen Architektur kritisiert. Er sei zu teuer und für die Zwecke eines Priesterseminars ungeeignet.

Für König Ludwig I. war freilich entscheidend, dass er – vor allem auf Kosten der jeweiligen Institutionen – seine städtebaulichen Ideen durchsetzen konnte.

König Ludwig I. von Bayern (1786–1868) lenkte von 1825 bis 1848 die Geschicke des Königreichs. Als großer Kunstmäzen prägte er das Erscheinungsbild seiner Residenzstadt München.

Bildnisskizze von Wilhelm von Kaulbach, 1843.

Typisch für das Verhältnis von Ludwig I. und Universität ist etwa die schroffe Antwort der Universität auf die Schenkung der aus der königlichen Zivilliste gestifteten beiden Brunnen vor der Universität: Die Universität lehnte einen Beitrag zum Unterhalt mit dem Hinweis ab, dass das Rauschen der Brunnen den Unterricht störe und im übrigen für die Brunnen die Stadt zuständig sei.

Während das *Georgianum* im Zusammenhang mit dem königlichen Ludwigstraßen-Projekt erhebliche Aufwendungen hatte, konnte es indirekt von der Griechenlandliebe Ludwigs profitieren. Am 15. November 1840 stiftete König Ludwig I. ein Kapital von 7.143 Gulden für ein Stipendium, das der Ausbildung eines katholischen Griechen dienen sollte. Die Stiftung war zunächst für das bischöfliche Seminar in Eichstätt gedacht, wurde aber am 18. Februar 1846 an das *Georgianum* gebunden. Das Präsentationsrecht kam dem katholischen Bischof von Syra zu.

Größere Zustiftungen erfolgten 1894 anlässlich der 400-Jahrfeier des *Georgianums* vor allem aus den Diözesen Augsburg und München. Damals gingen Spenden in Höhe von 16.100 Mark ein, die auf Grund einer Ministerialentschließung vom 12. Januar 1896 als mit besonderer Auflage versehener Zufluss zum Grundstockvermögen behandelt wurden. Aus dem Kapital sollte zum einen ein Freiplatz für einen Angehörigen aus der Diözese Augsburg finanziert werden, zum anderen sollten ein oder zwei Alumnen oder Konviktoren aus der Diözese München-Freising ein Stipendium von 100 Mark pro Jahr erhalten. In Ergänzung zu diesen beiden Stiftungen, der Augsburger *Jubiläums-Freiplatz-Stiftung* und der Münchner

Zur Ludwigstraße gelegene repräsentative Eingangshalle der Universität München, im Hintergrund die von Ludwig I. gestifteten Brunnen.

Stahlstich, um 1850.

Jubiläums-Stipendien-Stiftung, wurde ein weiterer Freiplatz von Seiten des ehemaligen Apothekenbesitzers Alfred von Wallpach zu Schwanenfeld und dessen Frau Bertha, verwitwete Trappentreu, durch Stiftungsurkunde vom 22. November 1899 geschaffen. Diese selbständige Stiftung, die am 1. Dezember 1899 die landesherrliche Genehmigung erhielt, war mit einem Kapital von 20.000 Mark, das in dreiprozentigen Schuldverschreibungen angelegt war, ausgestattet. Bei der Besetzung des Freiplatzes sollten vor allem Angehörige der Familien Trappentreu und Wallpach Berücksichtigung finden.

1902 verfügte das *Georgianum* über ein nicht rentierendes Vermögen von 472.851 Mark und über ein rentierendes Vermögen von 1.184.622 Mark. Der Großteil des Vermögens verfiel wie das übrige Stiftungsvermögen der Universität während des Inflationsjahres 1923.

Auf Grund des von der Inflation bewirkten Vermögens- und Vertrauensverlusts wurden namhafte Zustiftungen, wie es sie in den Jahrhunderten zuvor häufig gab, seit den 1920er Jahren immer seltener. Dennoch konnte das *Georgianum* die Weltwirtschaftskrise und die ersten Jahre des Zweiten Weltkriegs überstehen, wiewohl das Priesterseminar im April 1939 durch den nationalsozialistischen Staat geschlossen wurde. Noch 1944 erzielte der Hauptfonds der Stiftung immerhin 71.420 Reichsmark an Einnahmen, die meist aus Kapitalerträgen und Vermietungen stammten.

Nachdem das *Georgianum* jedoch im Juli 1944 durch Bomben und Feuer weitgehend zerstört worden war, mussten nach Kriegsende und Währungsreform die letzten Wertpapiere der Stiftung zur Finanzierung des Wiederaufbaus veräußert werden. Das Stiftungsvermögen des *Herzoglich Georgianischen Priesterhausfonds* beschränkte sich nun nur mehr auf das Grundstück und das Gebäude. Zumindest aber genügte dies, um den Betrieb aufrecht zu erhalten.

Durch Vermietung von Teilen des alten Hauptgebäudes und eines 1953 an der Veterinärstraße errichteten Neubaus sowie durch Grundstücksverkäufe wurde das Vermögen der Stiftung allmählich konsolidiert. 1955 konnte bereits ein zusätzliches Studentenheim gebaut werden.

Heute steht das *Georgianum* allen Priesteramtskandidaten und Priestern offen, die von ihrem Bischof zum Studium nach München geschickt werden und die in der ersten Bildungsphase im Sinne der Rahmenordnung der Deutschen Bischofskonferenz für die Priesterbildung vom 1. Dezember 1988 stehen. Darüber hinaus werden auch Priesteramtskandidaten und Priester aufgenommen, die mit einem wissenschaftlichen Spezialstudium, wie Lizenziat, Promotion oder Habilitation, beauftragt sind.

Zwischen 1835 und 1841 entstand der Neubau des Georgianums an der Münchner Ludwigstraße, in dem sich das Georgianum bis heute befindet.

Fotografie, 1964.

Das Collegium Albertinum genannte Konvikt der Jesuiten in Ingolstadt im Jahr 1573.

Skizze aus Karl Emil Schafhäutl, Topische Geschichte der Universität Ingolstadt, München 1856, Tafel XIII.

4. Landesherrliche Stiftungstradition

DIE INGOLSTÄDTER KONVIKTSTIFTUNG

In die Traditionslinie fürstlicher Stifter reihte sich nach den Herzögen Ludwig und Georg von Bayern-Landshut auch Herzog Albrecht V. ein, der das bayerische Herzogtum von 1550 bis 1579 regierte. Auf ihn geht die so genannte *Ingolstädter Konviktstiftung* für die Ingolstädter Jesuiten zurück. Albrecht V. hatte nach der Gründung und baulichen Fertigstellung des Jesuitenkollegs im Jahr 1575 für 70 Studenten aus dem Orden mit Stiftungsbrief vom 20. Dezember 1576 ein Kolleg zum Studium der freien Künste, der Philosophie und der Theologie ins Leben gerufen. Das Kolleg, das analog zum *Georgianum* bald als *Collegium Albertinum* bezeichnet wurde, war jährlich mit 4.000 Gulden dotiert, die die Zollämter München und Ingolstadt auszahlten. Zunächst in einem bescheidenen Haus an der Schutter untergebracht, konnte es bereits nach wenigen Jahren die ab 1582 unter Albrechts Nachfolger Herzog Wilhelm V. eigens für diesen Zweck errichteten großzügigen Neubauten beziehen, die ein Kollegium oder Kosthaus und ein Gymnasium umfassten. Die 1585 fertiggestellte Anlage, die 1590 den Jesuiten übereignet wurde, nannte man *Convictorium* bzw. *Collegium S. Ignatii Martyris*, *Collegium convictorum* oder kurz *Convict*, um sie vom Kolleg als der Wohnung der Jesuiten zu unterscheiden.

Das Konvikt mit seinem Kost- und Wohnhaus sowie dem Gymnasium diente gleichzeitig als Internat und als Unterrichtsanstalt für alle Studierenden, vor allem aber solche der Theologie, Philosophie und Jurisprudenz, wobei auch Nichtbayern Aufnahme fanden. Die Auswahl wurde von den Jesuiten getroffen. Eine interne Anweisung für das Aufnahmeverfahren, die undatiert ist und wohl aus dem 17. Jahrhundert herrührt, gibt Hinweise über die zeitgenössische Beurteilung der charakterlichen Eigenschaften der verschiedenen „Volksstämme" bzw. der aus ihnen stammenden Stipendiaten: „Am besten sind die Bayern, weil ihre Eltern in der Nähe leben, die Schwaben sind unruhig, die Franken freiheitsliebend, die Trienter sind häufig feurig und eigensinnig, die Schweizer sind gutmütig, aber neigen zu Ausschweifungen".[1] Auch vor Vertretern einzelner Disziplinen wird gewarnt: „Am meisten ist zu beachten, dass die Juristen nicht in großer Zahl zugelassen werden, denn das ist ein Schlag Menschen, der vom Teufel gezeichnet ist".[2]

In den ersten fünfzig Jahren seines Bestehens befanden sich im Konvikt etwa hundert Konviktoren. Unter ihnen waren die Philosophen in der Mehrzahl. Juristen nahm man nur ausnahmsweise auf. Das Konvikt war also keineswegs nur für das Studium der Theologie gedacht. Auch das Gymnasium innerhalb des Konvikts diente nicht allein der Vorbereitung auf das Studium der Theologie. Als Internat beherbergte das Konvikt etwa hundert Studierende. Kostgeldfrei war allerdings nur ein Teil der Studierenden. Unter Herzog Maximilian I. wurden 1598 die Dotationen erheblich erhöht.

Nach Auflösung des Jesuitenordens unterstellte man 1780 das *Collegium Albertinum* der Schulkuratel. Kandidaten mussten fortan einer Prüfung unterzogen werden. Bereits mit Mandat vom 18. September 1782 wurde das *Collegium* auf Antrag des Schulkuratels in der bisherigen Form aufgelöst und das Internat aufgehoben.

Das Jesuitenkolleg in Ingolstadt um 1700.

Kupferstich von Michael Wening aus dessen „Beschreibung [...] Kurfürsten- und Herzogtums Ober- und Niederbayern", Bd [...] München 1701.

[1] „Optimi sunt Bavari, quoniam parentes sunt in vicinia. Suevi sunt inquieti, Francones libertatis amantes, Tridentini plerumque furiosi et delicati, Helvete initio boni sed sensim in omnes vanitates profuse".

[2] „Cavendum maxime, ne Juristae magno numero admittantur, hoc enim genus hominum habet omnia signa ex vexillo diaboli".

An die Stelle der bisher etwa 40 Alumnen traten nun 28 so genannte *kurfürstlich Albertinische Stipendiaten*, für die insgesamt 5.028 Gulden Stipendiengelder zur Verfügung standen. Die Summe teilte sich in je zwölf Stipendien für Juristen und Theologen, drei für Mediziner und eines für Apotheker. Die Theologen mussten ins *Georgianum* ziehen, das für jeden Studierenden 100 Gulden erhielt. Jeder Studierende erhielt darüber hinaus noch 20 Gulden Taschengeld. Die Juristen, Mediziner und Apotheker erhielten 120 Gulden und mussten sich selbst verpflegen. Theologen und Juristen erhielten je einen Repetitor bestellt. Ein von der Kuratel bestimmter Professor hatte als Ephorus die Stipendiaten und deren Leistungen zu überwachen. Am 7. April 1783 erhielten die Stipendiaten eine eigene Satzung. Seit dem 19. Jahrhundert stand die so genannte *Konviktstiftung* fast ausschließlich Schülern und Studenten katholischer Religion von Gymnasien und Lyzeen im ganzen Königreich zur Verfügung. Sie bildete neben dem 1831 begründeten allgemeinen Stipendienfonds den Löwenanteil der landesherrlichen bzw. staatlichen Stipendienförderung.

Kurfürst Maximilian I. von Bayern (1573–1651).

MEDIZINERMANGEL IN ZEITEN VON PEST UND NOT – DIE MEDIZINAL-STIPENDIEN MAXIMILIANS I.

Im Jahre 1596 wurde das Herzogtum Bayern wie schon vier Jahre zuvor von der Pest heimgesucht. Ein von Ärzten verfasstes Pestmandat ordnete am 26. November 1596 umfangreiche Maßnahmen zur Eindämmung der Seuche an, regelte die Medikamentenabgabe der Apotheker, die Reinhaltung der Straßen und die Hygiene im Umkreis der Brunnen. Hinter diesen Maßnahmen stand der junge und ehrgeizige Herzog Maximilian, der sich gerade anschickte, seinen von Schulden zermürbten Vater Wilhelm V. in der Regierung abzulösen. Maximilians Hauptanliegen war es, die Verwaltung effektiver zu gestalten und die Finanzen des Landes zu konsolidieren. Gleichzeitig musste er sich mit Naturkatastrophen, Hungersnöten und Seuchenzügen auseinandersetzen, die sein Land verwüsteten.

Für Herzog Maximilian, der seit 1598 allein regierte, waren in dieser Situation weniger Juristen als vielmehr Wirtschaftsfachleute und Mediziner wichtig. Die Pestepidemien hatten einen empfindlichen Mangel an Medizinern deutlich werden lassen. Dieser Mangel resultierte aus einem geringen Interesse am Medizinstudium, das an den Universitäten wegen der im Vergleich zum Jura- und Theologiestudium schlechten Berufsaussichten und den hohen Studienkosten nur ein stiefmütterliches Dasein fristete.

Um diesem Missstand wenigstens teilweise abzuhelfen, vielleicht auch in Erinnerung an seine Studienzeit in Ingolstadt, sicher aber nach Rücksprache mit dem Münchner *Collegium Medicum,* einem landesherrlichen medizinischen Gutachtergremium, das u. a. für die Abfassung der Pestmandate verantwortlich gewesen war, stiftete Herzog Maximilian am 1. April 1599 zwei Medizinalstipendien. Aus einem Stiftungskapital von 2.000 Gulden sollten zwei Stipendien für Medizinstudenten in Höhe von jeweils 50 Gulden vom Hofzahlamt bereitgestellt werden. Bei der üblichen niedrigen Frequenz der Medizinischen Fakultät waren diese Stipendien, die bis ins 20. Jahrhundert hinein ausbezahlt wurden, von größter Bedeutung.

Kurfürst Karl Theodor von Bayern (1724–1799).
Bildnis von Pompeo Girolamo Batoni, 1775.

Nach dieser herzoglichen Stipendienstiftung ist 200 Jahre lang kein bayerischer Landesherr mehr mit Stiftungen für Studierende der Universität Ingolstadt hervorgetreten. Erst Kurfürst Karl Theodor, der gegen Ende des 18. Jahrhunderts den Mangel an Stipendien für Studierende außerhalb der Theologie durch eine Auflösung und Umwidmung des *Collegium Albertinum* verbessert hatte, ordnete in seinen späten Regierungsjahren ein von der Hofkammer aus den laufenden Einnahmen zu zahlendes Stipendium in Höhe von 500 Gulden für fünf Studierende an.

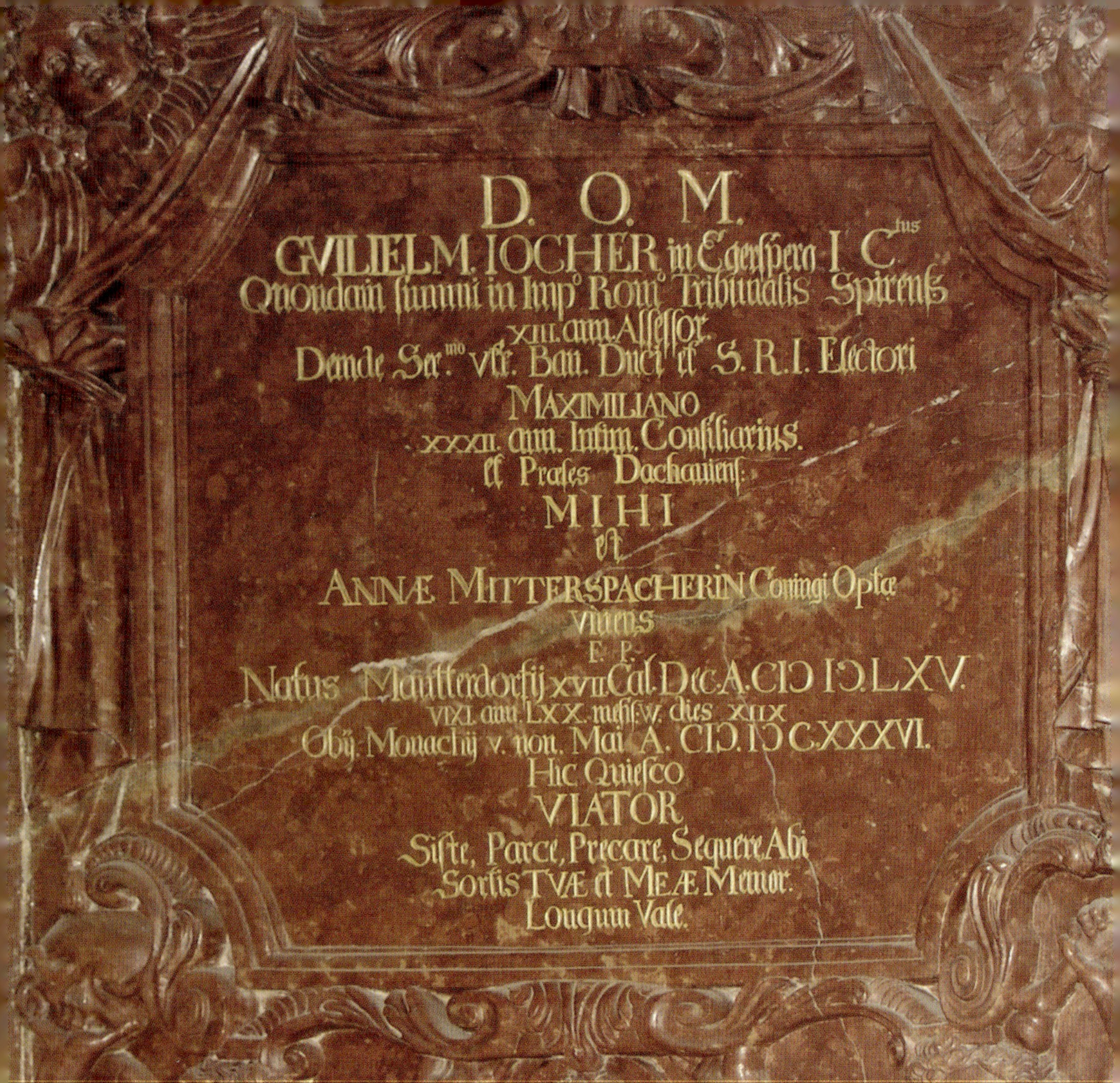

D. O. M.
GVILIELM. IOCHER in Egersperg I. C.tus
Quondam summi in Imp.o Rom. Tribunalis Spirens.
XIII. ann. Assessor.
Deinde Ser.mo utr. Bav. Duci et S. R. I. Electori
MAXIMILIANO
XXXII. ann. Intim. Consiliarius.
et Prases Dachauiens.
MIHI
et
ANNÆ MITTERSPACHERIN Coniugi Optæ
vivens
F. P.
Natus Mautterdorfij XVII. Cal. Dec. A. CIƆ IƆ LXV.
Vixi ann. LXX. mens. V. dies XIIX
Obij Monachij V. non. Mai. A. CIƆ IƆ CXXXVI.
Hic Quiesco
VIATOR
Siste, Parce, Precare, Sequere, Abi
Sortis TVÆ et MEÆ Memor.
Longum Vale.

Grabplatte Wilhelm Jochers (1556–1636), des Geheimen Rats und „Kronjuristen" Kurfürst Maximilians I. von Bayern, in der Pfarrkirche Dachau.

DIE STIFTUNG DES BAYERISCHEN JURISTEN WILHELM JOCHER

Noch im 19. Jahrhundert spielte das *Jochersche Stipendium* eine große Rolle für die Studierenden der Rechtswissenschaft. Es erinnerte an Wilhelm Jocher, einen der bedeutendsten Juristen Bayerns, der zwischen 1604 und 1636 als Geheimer Rat des Herzogs und – seit 1623 – Kurfürsten Maximilian I. von Bayern eine führende Position als außen- und innenpolitischer Gutachter und Berater des Landesherrn innehatte. Jocher war sowohl an den großen Gesetzeskodifikationen Maximilians als auch an dessen reichspolitischen Entscheidungen beteiligt. So tragen das bayerische Vorgehen im Rahmen der Reichsacht gegen die Reichsstadt Donauwörth ebenso wie die Maßnahmen gegen den Kurpfälzer „Winterkönig" Friedrich, die in der Schlacht am Weißen Berg 1620 gipfelten, seine juristische Handschrift.

Jocher stammte aus einer Familie, die am Kochelsee und in der Jachenau ansässig war. Die Jochers waren um 1500 durch den Floßverkehr auf der Isar, durch Holz- und Holzkohleexport, durch Kalköfen und durch den aufkommenden Bergbau in den bayerischen Alpen zu beträchtlichem Reichtum gekommen. Wilhelm Jochers Vater Christoph war als Bergfachmann in das Hochstift Salzburg ausgewandert und hatte es als Bergherr in Mauterndorf im Salzburgischen Lungau zu Ansehen und Vermögen gebracht. Seine beiden Söhne Karl und Wilhelm sollten unterschiedliche Laufbahnen einschlagen. Karl trat das Erbe seines Vaters im Bergbau an. Er wurde zum mächtigsten Gewerken im Lungau und amtierte als Pfleger im Salzburgischen Amt Baierdorf ob Murau. Von seinem verarmten Verwandten Paul Kölderer kaufte Karl Jocher 1608 das Schloss Höch bei Radstadt und baute es prunkvoll aus. Der zweite Sohn Wilhelm wählte die juristische Laufbahn und wurde nach einer Tätigkeit am Reichskammergericht von Herzog Maximilian I. als Geheimer Rat und politischer Berater in bayerische Dienste genommen.

Jocher, der keine leiblichen Kinder hatte, adoptierte 1616 seine beiden Neffen Carl Wilhelm und Adam, deren Vater Karl 1626 starb. Im Zuge der Adoption regelte Wilhelm Jocher auch seine Vermögensverhältnisse. Er stiftete der Universität Ingolstadt am 20. Februar 1617 2.000 Gulden Kapital, das als Ewiggeld von jährlich 100 Gulden auf einem Ingolstädter Haus lag. Dieses Ewiggeld war für arme Studenten der Jurisprudenz bestimmt, vor allem für solche aus seiner Verwandtschaft.

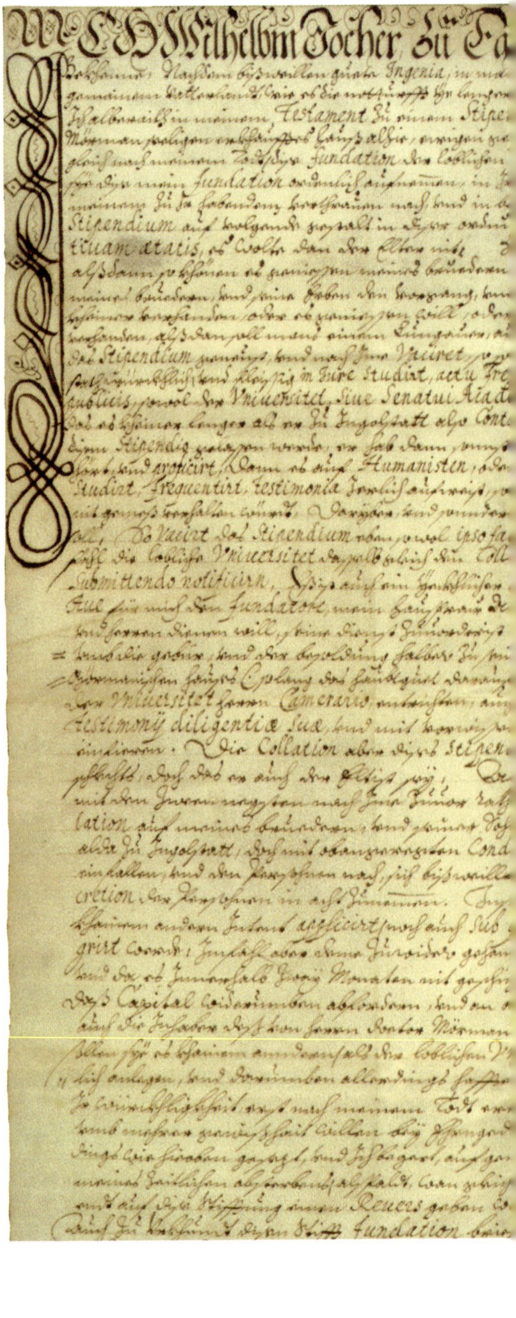

In der von Jocher in seinem typisch ausladenden Juristenstil verfassten Stiftungsurkunde heißt es: „Nachdem bißweilen gute Ingenia in Mangl Gelegenheit Ihre studia nit forthsetzen, auch deswegen Gott dem Allmechtigen, seiner heilligen Catholischen Römisch Khürchen und gemainem Vatterlande, wie es die Notdurfft je lengger, je mer erfordert, nit so wol dienen können. Daß ich bey mir betrachtet, wie Ich hierinnen auch concurrirn mecht, darumben ich alberaith in meinem Testament zue einem Stipendio in facultate Juridica gehn Ingolstatt verschaffen zway Tausend Gulden und dieselben auf mein von Herrn Doktor Thomas Mörmann seeligen erkhaufftes Hauß alhier ewigengeltsweiß gelegt und damit versichert, zugleich auch meinem Erben auferlegt hab, daß sye nach Ausweißung meines Testaments gleich nach meinem Tod, diese Fundation der löbl. Universitet zu Ingolstatt, ausfuerlich notificiern, auch dieselb (wofern ichs im Leben nit selbst

Stiftungsurkunde Wilhelm Jochers vom 20. Februar 1617.

thue) vleissig ersuechen sollen, damit sie diese meine Fundation ordentlich aufnemmen, in ire acta Registratur und prothocolla alß mein annexum bringen und ob solcher Fundation halten, welches sye die Universitet meinem zu Ir habenden Verthrauen nach und in Bedenkhung, daß ich dannoch derselben, wo ich khan, zu

dienen beraith, verhoffentlich gern einwilligen würdte.
Und ist solches Stipendium auf volgende Gestalt in dieser Ordnung fundirt: Erstlichen khönnen daßselb geniessen meines Brudern, deß Edlen und Vessten Carl Jocher zu Höch, Gwerckens im Lungau Söhne und deren Männliche Erben, secundum praerogativam aetatis, es wolte dann der Elter nit.
Zum anderen, wenn denen khainer tempore vacantiae vorhanden oder zur selben Zeit solches Stipendium khainer begern wolt", konnten auch Andere in den Genuss des Stipendiums kommen.

Die 2.000 Gulden wurden erst durch einen Transportbrief vom 23. November 1668 von Adam Jocher der Universität übertragen. Die Erträgnisse betrugen vier Prozent Zinsen.

Das größte Problem bei der Auszahlung des stattlichen *Jocherschen Stipendiums* war die Feststellung der stipendienberechtigten Verwandtschaft. Die von Wilhelm Jocher adoptierten Söhne seines Bruders Karl hatten keine männlichen Nachkommen. Die einzige Tochter Adam Jochers heiratete 1657 Johann Rudolf, Freiherr von Plaz zum Thurn. Bis 1989 befand sich das einst von Karl Jocher ausgebaute Schloss Höch bei Radstadt noch im Besitz der Familie der Grafen von Plaz. Doch galten hinsichtlich des *Jocherschen Stipendiums* als präsentations- und bezugsberechtigt auch die Freiherrn von Mändl bzw. die Grafen von Hund.

WEITERE STIPENDIEN FÜR STUDENTEN DER JURISPRUDENZ

Bemerkenswert ist das zwischen Wissenschaft und Politik angesiedelte Wirken des Dr. Christoph Gewold, der wie Jocher zum Beamtenkreis um Herzog Maximilian I. gehörte. Geboren 1556 in eine protestantische Amberger Familie, studierte er in Ingolstadt Jura, wo er auch promoviert wurde. Nach seiner Konversion zum Katholizismus wurde Gewold 1591 in München zum Hofrat, dann zum Geheimen Ratssekretär und 1595 zum Geheimen Archivar ernannt. 1617 zog er als „Rat von Haus aus" nach Ingolstadt, wo er sich nur noch seinen wissenschaftlichen Arbeiten im Bereich der Geschichte und der Politik widmete.

Von Herzog Maximilian I. wurde Gewold, einer seiner engsten Vertrauten, besonders für die politisch bedeutsame historische Untermauerung der bayerischen Ansprüche auf die pfälzische Kurwürde herangezogen. Da er für seine Tätigkeit vom Landesherrn außerordentlich großzügig entlohnt wurde, verfügte er am Ende seines Lebens über ein beträchtliches Vermögen. In seinem Todesjahr 1621 stiftete Gewold ein Stipendium für Studenten der Jurisprudenz, das allerdings in erster Linie seinen Verwandten zugute kommen sollte. Falls sich solche jedoch nicht an einem Jurastudium interessiert zeigen sollten, konnten auch andere arme Juristen in den Genuss der Zahlungen kommen. Das Kapital bestand aus 2.000 Gulden, mit einer jährlichen Rendite von 80 Gulden. Die Verwaltung übernahm die Juristische Fakultät. 1960 wurde das Vermögen zusammen mit dem Kapital anderer nicht rechtsfähiger Fonds der neugebildeten *Vereinigten Stipendienstiftung* übereignet.

Auch der im Jahr 1592 als Sohn eines Patriziers in Ravensburg geborene Dr. Johann Christoph Abegg gehörte als Hofratskanzler und politischer Gesandter des Kurfürsten Maximilian I. zu den Spitzenbeamten im Herzogtum Bayern. Abegg, dessen Mutter die Schwester des Landshuter Kanzlers Dr. Johann Bittelmair war, wirkte seit 1619 am Reichskammergericht in Speyer, bevor er 1625 in bayerische Dienste trat und sofort auch für diplomatische Missionen eingesetzt wurde. Zwischen 1632 und 1637 fungierte er als Hofratspräsident. Abegg, der kinderlos war, hinterließ ein erhebliches Vermögen, das u. a. in einer bedeutenden Bibliothek bestand. Er starb 1644 auf dem Reichsdeputationstag in Frankfurt am Main und wurde im dortigen Dominikanerkloster beigesetzt. In seinem Todesjahr stiftete er am 2. Februar ein Kapital von 3.000 Gulden für zwei Stipendien zu 100 und zu 50 Gulden zugunsten studierender Angehöriger der Familien von Kolb, Bittelmair und Soll. Die Stiftung wurde 1960 wie die *Gewold-Stiftung* der *Vereinigten Stipendienstiftung* übereignet.

EINE POLNISCHE OBERKAMMERJUNGFRAU STIFTET DREI STIPENDIEN

Die erste Stiftung einer Frau an der Universität Ingolstadt und zugleich eine der bedeutendsten privaten Stiftungen an der Universität überhaupt war die zwischen 1626 und 1628, also in der Anfangsphase des Dreißigjährigen Krieges, begründete Stiftung der Ursula Mayr. Die Tochter des Mautners von Neuötting, Christoph Mayr, war Münchner Bürgerin und ehemalige polnische Oberkammerjungfrau. Bemerkenswert ist die Begründung für ihre Stiftung, die sie „aus sonderbarer Affection zu ihrem Vaterland" gemacht hatte. Sie sollte drei Studierenden zugute kommen, „welche von guten Sitten und Ingenien sind, auch auf der Universität zu Ingolstadt Philosophie, dann Theologie, Jurisprudenz oder Medizin studieren und absolvieren". 1626 stellte Ursula Mayr dem Münchner Hofzahlamt zunächst 2.000 Gulden, 1628 weitere 5.320 Gulden zur Verfügung. Das Kapital wurde mit fünf Prozent verzinst, so dass bei jährlichen Erträgnissen von 360 Gulden für jeden Studierenden 120 Gulden bereitstanden. Der Betrag blieb unter der Rubrik „Stipendien" ein regelmäßiger Posten bei den Ausgaben in den Hofzahlamtsrechnungen und wurde noch bis ins 20. Jahrhundert hinein ausbezahlt, bevor auch diese Stiftung durch Inflation und Währungsreform derart dezimiert wurde, dass sie schließlich in der *Vereinigten Stipendienstiftung* aufging.

Gebäude des ehemaligen Dominikanerklosters in Landshut, wo die Universität seit Beginn des 19. Jahrhunderts bis zu ihrem Umzug nach München im Jahr 1826 untergebracht war.

Stich von Heinrich Adam, um 1820.

6. Der Staat und das Stiftungswesen im 19. Jahrhundert

DIE STIFTUNGSVERWALTUNG AN DER UNIVERSITÄT INGOLSTADT-LANDSHUT

Nach ihrer Verlegung nach Landshut erhielt die Universität nicht nur neue Gebäude, sondern auch die Stiftungseinnahmen wurden in der Folgezeit aus den Erlösen der Säkularisation von 1803 erweitert. Vor allem war es nun das reiche Zisterzienserinnenkloster Seligenthal, dessen Güter und Einkünfte der Universität zugewiesen wurden. Bis heute noch bewirtschaftet die Universität den dazugehörigen Wald. Dass sich in dem von den Wittelsbachern gegründeten Kloster Seligenthal auch die Grabstätte des Universitätsgründers Herzog Ludwig befand und dass die Universität nun in die alte Hauptstadt der niederbayerischen Herzöge eingezogen war, gehört zu den historischen Merkwürdigkeiten dieser unruhigen Zeit. Die Verbindungen zu Landshut, der alten Regierungshauptstadt, waren im Übrigen nie ganz abgerissen. Aus der Stiftskirche St. Martin, in der Kanzler Dr. Martin Mair, der geistige Vater der Universität, seine letzte Ruhestätte gefunden hatte, bezog die Ingolstädter Universität seit ihrer Gründung regelmäßige Einkünfte.

Die wichtigste Behörde für die Verteilung der Stipendien aus den unterschiedlichen Stiftungen war das Stipendienephorat, das seit Ende des 18. Jahrhunderts durch die Zusammenlegung und „Verstaatlichung" verschiedener Stiftungen in der Montgelas-Zeit besondere Bedeutung gewann. Als im Zuge der Aufhebung des Jesuitenordens auch das oben beschriebene, von Herzog Albrecht V. gegründete Konvikt, das *Collegium Albertinum*, 1782 aufgelöst wurde, wandelte man einen Teil des Vermögens in die so genannten *Albertinischen Stipendien* um. Gleichzeitig wurde ein Stipendienephorat tätig, das ein Professor der Juristischen Fakultät gegen eine jährliche Vergütung von 100 Gulden innehatte. Zu Beginn des 19. Jahrhunderts hatte der Ephor über einen Jahresertrag von 7.160 Gulden und 31 Kreuzern – so der genaue Betrag von 1813 – und die folgenden zehn Stipendien zu verfügen:

1. Albertinische Stipendien (5.028 Gulden)
2. Kanzelmüller (600 Gulden)
3. Fator (40 Gulden)
4. Gewold (200 Gulden)
5. Jocher (172 Gulden)
6. Oberschwender (80 Gulden)
7. Kameral-Stipendien Karl Theodors (500 Gulden)
8. Medizinisches Fakultätsstipendium (100 Gulden)
9. Ursula Mayr (360 Gulden)
10. Grätz (80 Gulden).

Der Ephor war auch für die Kassenführung zugunsten anderer Staats- und allgemeiner Stipendien zuständig, und zwar auch dann, wenn die Verwaltung bei anderen Stellen oder der Zentralstiftungskasse lag. Bis 1813 oblag dem Ephoren zudem die Aufsicht über die Lokal- und Familienstipendien, bevor diese wieder in die lokale Verwaltung zurückgegeben wurden.

Zwischen 1794 und 1811 gehörte zu den Aufgaben des Ephors auch die Rückforderung von Stipendien, sobald der bisherige Empfänger in den Staatsdienst eingetreten war oder eine sonstige Versorgung erhielt. Diese Praxis der Rückforderung wurde 1811 aufgehoben, da sie in der Regel dem Stifterwillen widersprach. Die Vergabe der Stipendien wurde in einer Verordnung, datierend vom 2. Oktober 1811, geregelt. Demnach wurde in Landshut einmal jährlich im Oktober ein allgemeiner „Prüfungs-Concurs" durchgeführt. Die Lokal-Stipendien wurden als allgemeine Stipendien behandelt, wenn die jeweiligen Bewerbungen nicht rechtzeitig eingingen.

DIE STIFTUNGSREFORM UNTER MONTGELAS

Die Stiftungsreform unter Montgelas hatte nicht nur Einfluss auf die Verwaltung des Stiftungsvermögens, sondern veränderte auch die Organisation der nach Landshut transferierten Universität. Der Zugriff auf die Verwaltung des Stiftungsvermögens erfolgte nach französischem Vorbild und wurde zunächst mit der mangelhaften Aufsicht über die Stiftungen begründet. Dahinter standen freilich auch finanzielle Interessen: Da man das Stiftungsvermögen als „Spezialstaatsvermögen" deklarierte, war nach dem Verständnis von Minister Montgelas eine Zentralisierung und Vereinfachung des Stiftungswesens eine vordringliche Aufgabe des Staates. Dass der staatliche Zugriff auch vor der grundsätzlichen juristischen Selbständigkeit der Stiftungen nicht Halt machte, zeigte die Aufhebung und Einverleibung der geistlichen Stiftungen im Zuge der Säkularisation in den Jahren 1802/03. Im Zusammenhang mit diesem entscheidenden Eingriff in das Stiftungswesen, der völker- wie reichsrechtlich durch den Frieden von Lunéville 1801 und den Reichsdeputationshauptschluss von 1803 legitimiert wurde, stehen die ersten Stiftungsreformen. Alle kirchlichen Stiftungen, die nicht durch die Säkularisation an den Staat gefallen waren, wurden 1802 zusammengefasst und dem neu gegründeten *Administrationsrat der Kirchen- und geistlich-milden Stiftungen* unterstellt. Vier Jahre später zentralisierte man auch die weltlichen Stiftungen. Für die Universität Landshut hatte die Stiftungsreform zur Folge, dass die Gelder seit 1807 von der Zentralstiftungskasse angewiesen wurden. Nun kümmerte sich die Regierung auch um die Einzelheiten der Stipendienvergaben: Durch Verordnung vom 30. Oktober 1807 über das akademische Stiftungswesen wurde bestimmt, dass alle Stipendien, auch die Familienstipendien, nur würdigen Aspiranten verliehen werden sollten. Als würdig aber sei derjenige zu erachten, der talentiert, fleißig und sittlich ohne Tadel sei.

Max Joseph Graf von Montgelas (1759–1838), der „Architekt" des modernen bayerischen Staats.

Lithographie von Ignaz Fertig nach einem Gemälde von Eduard von Heuss.

1815 führte die trostlose Lage der öffentlichen Haushalte dazu, dass die Stipendien gar nicht oder verspätet ausbezahlt wurden. Zuständig für die Zahlungen war die Kreiskasse des Isarkreises, der im Juni 1814 die Zentralkasse des ehemaligen Johanniter-Ordens eingegliedert worden war, die bisher für die Bezahlung der landesherrlichen Stipendien verantwortlich gewesen war. Seitdem wartete die Ephoratskasse in Landshut vergeblich auf die Quartalzahlungen von 5.028 Gulden und 30 Kreuzern. Auch die Zahlungen an Studenten aus Stiftungen in den anderen bayerischen Kreisen blieben aus, da die Stiftungsgelder bei der Staatsschuldentilgungskasse angelegt waren und diese die Zinsen nicht mehr ausbezahlte, sondern kapitalisierte. Damit war allein den Stiftungen im Illerkreis ein Ausfall von 10.000 Gulden entstanden. Auf heftige Vorstellungen von Ephorat und Senat der Universität im März 1815 an die Adresse des Königs hin wies der Geheime Rat zwar die Kreiskasse des Isarkreises an, die Stipendiengelder auszuzahlen, doch die Studierenden, die ihre Stipendien verspätet erhielten, hatten sich für teuren Zins Geld leihen oder Gegenstände im Leihhaus versetzen müssen.

1822/23 versuchte man sich im Innenministerium einen Überblick über die Stipendienstiftungen des Königreichs zu verschaffen. Dabei wurde auch die Frage gestellt, wie aus den vielen kleineren Stipendien größere Universitätsstipendien gebildet werden könnten. In den verschiedenen Kreisen des Königreichs – mit Ausnahme des Untermain- und des Rheinkreises – existierten zu diesem Zeitpunkt insgesamt 598 Stipendienstiftungen mit einem Gesamtvermögen von 2.246.723 Gulden und 39 ½ Kreuzern, dazu Renten in Höhe von 89.962 Gulden und 56 Kreuzern sowie disponible Stipendien in Höhe von 73.667 Gulden und 51 Kreuzern. Im Isarkreis dominierten die Renten des *Albertinischen Fonds* mit jährlich 4.904 Gulden. Von dieser Summe wurden jedes Jahr 1.420 Gulden an das *Georgianum* ausbezahlt, 300 Gulden an zwei Gehilfen der klinischen Institute und 200 Gulden an die Verwaltung. Aus dem Fonds wurden zusätzlich jährlich 50 bis 60 Stipendien zwischen 40 und 150 Gulden bezahlt. Die Renten der *Rousseauischen Stiftung* erbrachten 60 Gulden, die zwei *Kameralstipendien* 500 Gulden, die zwei medizinischen Stipendien 100 Gulden und das *Hungersche Stipendium* 108 Gulden. Mit Ausnahme des Stipendiums der Afra von Pienzenau zu 80 Gulden für zwei katholische Theologen und der *Schwaigerischen Stipendien* für Gymnasiasten sowie denjenigen, die zum Fonds der männlichen Erziehungsinstitute in München und Landshut gehörten, waren alle anderen Stipendien im Isarkreis Familien- oder Lokalstipendien, „welche von fundationsmäßigen Kompetenten in Anspruch genommen werden und deren Renten sich zur Vereinigung für größere Universitätsstipendien nicht eignen". Das gleiche galt im Prinzip für die Stipendienstiftungen der anderen Kreise. Aus dem Oberdonaukreis erhielt die Ephoratskasse in Landshut 300 Gulden aus dem Dillinger Fonds.

DER STAATLICHE STIPENDIENFONDS VON 1831

Durch den Landtagsabschied von 1831 wurde auf Antrag der Ständeversammlung ein staatlicher Stipendienfonds ins Leben gerufen, der eine wichtige Ergänzung des immer spärlicher werdenden privaten Spendenaufkommens darstellte. Die Finanzierung des Stipendienfonds sollte aus den Taxen bestritten werden, die für die Erteilung des Adels sowie der Kammerherrn- und Kammerjunkerwürde erhoben wurden. Am 24. Oktober 1844 wurden nähere Bestimmungen über die Verteilung der Stipendien getroffen. Berechtigt waren u. a. bedürftige Studenten aller Fächer an den drei Landesuniversitäten, zudem Studierende der Medizin, die an einer Universität das *Biennium practicum* zubrachten, Studierende der Rechte, die

„nach rühmlich bestandener theoretischer Prüfung in die vorbereitende Praxis übertreten, während der Zeit dieser Praxis", sodann Schüler der Polytechnischen Schule, Lehramtskandidaten, junge Künstler, die zum Zwecke ihrer künstlerischen Ausbildung nach Italien reisen wollten, sowie ausgezeichnete Schüler der Akademie der Bildenden Künste. Die Kandidaten mussten sich einer entsprechenden Stipendienprüfung unterziehen. Im Falle des Besuchs nichtbayerischer Universitäten durften die Stipendien nur ausnahmsweise und mit Genehmigung des Kultusministeriums ausgezahlt werden.

Die ersten Zahlungen aus den Zinsen des neuen Stipendienfonds erfolgten ab dem Studienjahr 1845/46. Fünf Jahre später, 1850/51, konnten schon insgesamt 51 Stipendien zu je 100 Gulden vergeben werden, davon 19 für die Universität München, und zwar an sieben Kandidaten der Philosophie, drei Kandidaten der Theologie, zwei Kandidaten der Rechtswissenschaften und an je einen Kandidaten der Medizin und der Technik sowie an fünf Rechtskandidaten, die sich in der Vorbereitungspraxis befanden.

Der allgemeine Stipendienfonds sollte im Königreich Bayern die einzige staatliche Unterstützung für Studierende bleiben, die über Haushaltsmittel finanziert und vom Landtag genehmigt wurde. Die Einstellung des Landtags gegenüber der Universität war das ganze 19. Jahrhundert hindurch von skeptischer Zurückhaltung geprägt, da sich das 1815 von Montgelas entworfene Konzept einer finanziellen Selbständigkeit der Hochschule angesichts der wachsenden Anforderungen an die Universität und der steigenden Ausgaben nicht aufrechterhalten ließ. Aufgrund der Tatsache, dass im Staatshaushalt die Ausgaben für die Universitäten, insbesondere für Neubauten, sehr zum Unwillen des Landtags regelmäßig anstiegen, war jeder Versuch, für die Unterstützung bedürftiger und begabter Studenten zusätzliche staatliche Stipendien bereitzustellen, zum Scheitern verurteilt.

Dies musste selbst König Max II. erfahren, als er um die Jahrhundertmitte versuchte, sein geplantes Bildungsinstitut, das spätere *Maximilianeum*, zunächst über den Landtag finanzieren zu lassen. Kultusminister Friedrich von Ringelmann wies ihn 1851 darauf hin, dass die Ständeversammlung dem neuen Institut sehr unfreundlich gegenüberstehen würde, und zwar nicht zuletzt deshalb, weil dieses im Gegensatz zu der bisherigen allgemeinen Nutzung des Stipendienfonds „eine mehr exklusive Richtung zu nehmen bestimmt" sein werde. Grundsätzlich sollten nach Meinung der überwiegenden Mehrheit im Landtag für Stipendien allein private Stiftungen Sorge tragen.

König Maximilian II. von Bayern (1811–1864), der „Wissenschaftler auf dem Thron".

Fotografie von Franz Hanfstaengl, um 1860.

7. Königliche Stiftungen

DAS MAXIMILIANEUM – DIE HÖHERE SCHULANSTALT MIT EXKLUSIVER AUSBILDUNG

Das *Maximilianeum*, das den Namen seines Gründers, des von 1848 bis 1864 regierenden bayerischen Königs Maximilian II., trägt, gehört zu den bekanntesten Stiftungen an der Universität München. Ähnlich wie das 1494 gegründete *Georgianum* stellt das *Maximilianeum* in seiner heutigen Form ein Studentenkonvikt dar, ein Internat für ausgewählte, besonders begabte Studierende der Universität München, die aus Bayern oder der linksrheinischen Pfalz stammen. Damit ist das *Maximilianeum* die einzige Einrichtung in Bayern, die dem englischen College vergleichbar ist.

Die Entstehungsgeschichte dieser Stiftung ist untrennbar mit der Persönlichkeit König Max' II. verbunden, für den das *Maximilianeum* zu einer Herzensangelegenheit wurde. Welchen Stellenwert das Projekt einnahm, zeigt noch heute der eindrucksvolle Bau über dem Isarufer, der nach dem Zweiten Weltkrieg auch zum Sitz des Bayerischen Landtags wurde.

Typisch für den Charakter des Kronprinzen und späteren Königs sind die vielen Gutachten, die im Zusammenhang mit der Entstehung des *Maximilianeums* eingeholt wurden. Gutachten in allen Angelegenheiten einzufordern, die ihm wichtig erschienen, gehörte zur Regierungsweise Maximilians, die von einer gewissen Vorsicht und Zögerlichkeit geprägt war. Das erste Gutachten, das im Kontext der Schulpläne des Kronprinzen entstand, verfasste der Neuhumanist Friedrich von Thiersch. Dieser machte dem Kronprinzen im Jahr 1840 Vorschläge zur Errichtung einer höheren Schulanstalt, die den Namen *Athenäum* tragen sollte: „Plan zu einem Athenäum oder einer vollständigen wissenschaftlichen Erziehungsanstalt". Thiersch wollte 200 bis 360 Schüler vom achten bis zum 21. Lebensjahr in einer

Anstalt erziehen lassen, die eine Vorschule von zwei Jahren, ein Pädagogium von vier Jahren, ein Gymnasium von vier Jahren und ein Lyzeum von zwei Jahren umfassen sollte. Ziel der Anstalt sollte sein „a, die formelle Bildung der Geister, d. i. die Fähigkeit richtig zu denken und zu urteilen und das Gedachte leicht und gefällig darzustellen [...] b, den Geschmack zu reinigen und das Gemüt zu erheben, durch beides aber edle Gesinnung für König und Vaterland und für alle Geschäfte und Vorfälle des Lebens zu nähren, die am besten aus gesunder Pflege des Geistes und dem Umgang mit den Werken und Taten großer Männer gewonnen wird [...] Endlich soll die Erziehung und der Unterricht in der Anstalt auf der obersten Stufe die classischen Studien mit dem Studium der allgemeinen Wissenschaft verbinden und den gereiften Jüngling zu einem dreijährigen Fachstudium auf die Universität entlassen." Thiersch, der zu diesem Zeitpunkt bereits bei Ludwig I. in Ungnade gefallen war, hatte seine Gedanken über sein Bildungsideal schon in dem Werk *Über gelehrte Schulen mit besonderer Rücksicht auf Bayern* niedergelegt, wo er im Übrigen mit Blick auf die von Revolutionsfurcht geplagten Monarchen darauf hinwies, dass gerade die Länder mit dem höchsten Bildungsstand, wie etwa Sachsen, „allein frei geblieben von aller politischen Aufregung oder dem, was man dafür gehalten hat".

Thierschs Entwurf eines *Athenäum* wurde mehreren Münchner Gelehrten vorgelegt, namentlich den Philosophieprofessoren Andreas Erhard und Friedrich Wilhelm Joseph von Schelling, dem Präsidenten des protestantischen Oberkonsistoriums Karl Friedrich von Roth sowie Friedrich Wilhelm von Hermann, Professor für Nationalökonomie. Schellings Gutachten ist uns nicht erhalten, dagegen verdient das 1841 verfasste Gutachten Hermanns Beachtung, weil es dem Plan eine ganz neue Richtung gab. Hermann rechnete als erfahrener Statistiker zunächst aus, dass ein *Athenäum* mit 300 bis 400 Schülern nicht finanzierbar und außerdem wirkungslos sei, da der Plan von Thiersch nicht die Gewähr für eine Eliteschule brächte. Er forderte, das Eintrittsalter heraufzusetzen und die Kandidaten nach ihren Schulleistungen auszuwählen. Hermann wollte insbesondere auch die modernen Sprachen und Naturwissenschaften berücksichtigt wissen, und die Anstalt sollte seiner Meinung nach vor allem eine Pflanzstätte für zukünftige Staatsdiener werden. Als Aufgabe des *Athenäum* definierte er die „Erweiterung und Vervollständigung der allgemeinen Vorbildung der besseren Köpfe des Landes, welche sich dem Staatsdienste im Fache der Verwaltung und der Justiz zu widmen gedenken".

Der Gedanke Hermanns von einer Ausbildungsstätte für zukünftige Staatsdiener bildete fortan für Maximilian den Eckpfeiler aller Planungen. Er ließ sich bis 1847 noch weitere Gutachten insbesondere von Verwaltungsbeamten schreiben, die sich in der Regel den Überlegungen Hermanns anschlossen. Freilich war schon bei diesen ersten Gutachten vor dem Regierungsantritt Maximilians zu spüren, dass die Bürokratie dem Projekt grundsätzlich kritisch gegenüberstand und nur mit Rücksicht auf den prominenten Auftraggeber positive Stellungnahmen abgab. So sollte es dann auch nach der Thronbesteigung Maximilians 1848 sein. Entscheidenden Rückhalt erhielt der König für seine Pläne aus dem Kreis der „Berufenen", der nach Bayern geholten und dort ungeliebten „Nordlichter". Seit 1848 erörterte Maximilian II. sein Projekt mit seinem Berater Wilhelm von Doenniges. 1850 erarbeitete Ministerpräsident Ludwig von der Pfordten einen neuen Plan, der vom König sofort gutgeheißen und als maßgeblich bezeichnet wurde. Pfordten kritisierte vor allem die Universitäten, an denen man sich seiner Meinung nach nur aufhalten würde, um „nach zweijährigem Nichtstun in den letzten zwei Jahren gerade soviel vom Fachstudium einzulernen, als zum Examen notwendig ist. Die seltneren Talente sind sich ganz überlassen, werden auf den Schulen gewöhnlich gelangweilt, daher auch mitunter lästig und deshalb verkannt und versäumen darüber Studien, die sich später nur schwer oder gar nicht nachholen lassen [...] Wir haben keine Bildungsanstalt für die hervorragenden Talente. Eine solche zu werden, muß also die Aufgabe der neuen Anstalt sein [...] Faßt man dies Alles zusammen, so ergibt sich als Zweck und Aufgabe der neuen Anstalt die Ausbildung hervorragender Talente für den höheren Civilstaatsdienst auf staatsmännischer Grundlage."

Auf Drängen des Königs wurde das Institut am 15. November 1852 in einem angemieteten Gebäude in der Amalienstraße mit sechs Zöglingen eröffnet. Als Leiter war mit Anton Hannecker ein tüchtiger Geistlicher gewonnen worden, der dem *Maximilianeum* bis 1864 vorstand. Erst 1861 konnte das *Maximilianeum* in sein eigentliches Heim umziehen. Inzwischen war aus dem ursprünglich angestrebten umfassenden Erziehungsinstitut ein Konvikt bzw. ein College geworden, also die einfache Form eines fünfjährigen Internats für Studierende, die sich wegen der langen Dauer ihres Aufenthalts vielfach zurückgesetzt fühlen mussten. Sowohl Maximilian II. als auch Ministerpräsident von der Pfordten waren merkwürdigerweise an einer weiteren Diskussion über das Konzept der Anstalt nicht mehr interessiert. Hanneckers dahin gehende Bemühungen blieben ohne Reaktion. Umso mehr allerdings galt das Interesse des Königs dem Bau, in dem die Anstalt untergebracht werden sollte.

DIE BAULICHE GESTALTUNG DES MAXIMILIANEUMS

Von Anfang an spielte für Maximilian das Gebäude, in dem das zukünftige Institut untergebracht werden sollte, eine besondere Rolle. Das ging so weit, dass sich die Frage aufdrängt, ob für den Kronprinzen und Monarchen der Bau oder sein Inhalt wichtiger war. Als Baugelände wurde zeitweise das Ufer des Starnberger Sees diskutiert, wo sich damals die Münchner Hofgesellschaft und das reiche Bürgertum ihre Villen bauten und wo auch Max II. eine größere Schlossanlage plante, die in Feldafing entstehen sollte. Schließlich kam der König doch wieder auf München zurück. Hier sollte das *Maximilianeum* in die allgemeine Bauplanung der Maximilianstraße einbezogen werden. Nach dem Erwerb der erforderlichen Grundstücke in Haidhausen erfolgte am 6. Oktober 1857 die Grundsteinlegung. Die Pläne für das Gebäude stammten von dem Architekten Friedrich Bürklein und zielten darauf ab, einen Baukörper zu schaffen, der die der Stadterweiterung dienende Anlage der Maximilianstraße krönen sollte. Zunächst wurde der Wohntrakt des *Maximilianeums* fertiggestellt, in den die Zöglinge 1861 einzogen. Der Abschluss der Erdarbeiten für den zur Isar hin ausgerichteten Gebäudeteil mit der Galerie verzögerte sich wegen des schwierigen Geländes bis 1861. Zum Zeitpunkt des Todes des Monarchen im Jahr 1864 war der Neubau erst bis zum Erdgeschoss gediehen. Nach den mehrmals geänderten Plänen gliederte sich der breit hingelagerte Baukomplex in zwei Teile: Stadt und Fluss zugewandt war die Fassade mit zwei Seitentürmen als Abschluss und Zielpunkt der Maximilianstraße. Hier lag der Eingang mit großem Vestibül, von dem aus eine Doppeltreppe zu den Sälen und Loggien der Gemäldegalerie hinaufführte. Dahinter schloss sich der zweite Bauteil an, der in vier Stockwerken die Räume des *Maximilianeums* und der königlichen Pagerie aufnehmen sollte. Der genannten Gemäldegalerie wurde im Rahmen der Gesamtplanungen eine besondere Bedeutung beigemessen. Sie verweist auf den ursprünglichen Willen Max' II., das *Maximilianeum* zu einem den (bayerisch-) nationalen und monarchischen Gedanken stärkenden „Nationalbau" auszugestalten, der nicht nur als Staatsbau, sondern – ähnlich dem Nationalmuseum – auch der Volksbildung dienen sollte. Die *Historische Galerie*, die einen mit der Antike beginnenden Zyklus von Historiengemälden und Marmorbüsten beinhaltete, sollte, wie es Ministerpräsident von der Pfordten in seiner Ansprache zur Grundsteinlegung ausdrückte, in den „inneren Hallen des Maximilianeums die wichtigsten Taten der Weltgeschichte in großen Bildern vor die Seele der Jünglinge führen".

GRUNDBESTIMMUNGEN FÜR DAS KÖNIGLICHE MAXIMILIANEUM

Schwierigkeiten bereitete die Finanzierung des Projekts. Zunächst dachte Max II., er könne die Neugründung mit Hilfe bereits vorhandener Stiftungskapitalien finanzieren. 1851 berichtete der damalige Kultusminister von Ringelmann von sechs Unterrichtsstipendienstiftungen, die möglicherweise für das *Maximilianeum* herangezogen werden könnten. Er nannte den Stipendienfonds für die Söhne des minderbemittelten

Historische Ansicht des von König Maximilian II. von Bayern gestifteten Maximilianeums.

Adels, den allgemeinen Stipendienfonds, den adeligen Seminarfonds in Würzburg, das Erziehungsinstitut für Studierende in Neuburg, das königliche Erziehungsinstitut für Studierende in München sowie die königliche Pagerie. Doch haben juristische Bedenken den König bewogen, diesen Weg nicht weiter zu verfolgen. Auch der Versuch, den Landtag für das Projekt zu gewinnen, wurde fallengelassen, so dass dessen Finanzierung schließlich allein aus der Kabinettskasse erfolgen musste. In einer Verfügung für den Todesfall, die er am 24. Mai 1858 abfasste, bestimmte der König den Betrag von einer Million Gulden aus seinem Privatnachlass zum Ausbau des *Maximilianeums* innerhalb von sechs Jahren. Zwei Jahre später verfügte er, dass derjenige Teil der Summe, der nicht für den Ausbau verwendet würde, als Stiftungskapital für die Begründung der Erziehungsanstalt bereitzustellen sei. Daraufhin wurde eine Stiftungsurkunde entworfen, die der König 1860 genehmigte. Wegen des Vorrangs der Bauarbeiten und der noch nicht feststehenden Kosten kam es zu Lebzeiten des Königs jedoch nicht mehr zu einem juristisch endgültigen Stiftungsgeschäft. Erst zwölf Jahre nach dem Tod Max' II., am 20. August 1876, wurden die „Grundbestimmungen für das königliche Maximilianeum in München" und die Stiftungsurkunde durch König Ludwig II. genehmigt, die wie folgt lautete:

„Beseelt von dem Wunsche, Seinem Volk ein dauerndes Denkmal landesväterlicher Liebe zu hinterlassen und durchdrungen von der Überzeugung, daß die Förderung der Jugendbildung, insbesondere soweit sie für den Dienst des Vaterlandes geschickt macht, für das öffentliche Wohl den nachhaltigsten und segenreichsten Erfolg verspreche, haben Unseres in Gott ruhenden Herrn Vaters König Maximilian II. Majestät die Errichtung einer Anstalt beschlossen, welche bestimmt ist, die Erlangung der zur Lösung der höheren Aufgaben des Staatsdienstes erforderlichen wissenschaftlichen und geistigen Ausbildung zu erleichtern.

Da es nach dem unerforschlichen Ratschlusse der göttlichen Vorsehung dem Verblichenen nicht beschieden war, jene Anstalt selbst noch ins Leben zu führen, so wollen nunmehr Wir die von dem allerdurchlauchtigsten Stifter getroffenen Anordnungen vollziehen, wie folgt:

I.

Zur Dotation der beschlossenen Stiftung bestimmen Wir

I. Das hiefür nach Anordnung Unseres Herrn Vaters erbaute, am östlichen Ende der neuen Maximiliansstraße in Unserer Haupt- und Residenzstadt München gelegene Gebäude nebst Zugehör;
II. die gesamte Mobiliareinrichtung des Stiftungsgebäudes samt den Attributen für die stiftungsmäßigen Bildungszwecke, sowie die dortselbst eingerichtete Galerie von dreißig Ölgemälden und die dort befindliche Sammlung von vierundzwanzig marmornen Büsten;
III. ein in der Codicillar-Verfügung Seiner Majestät des Königs Maximilian II. vom 16. April 1860 ausgesetztes, verzinslich anzulegendes Kapital von 800,000 Gulden (= 1,371,428 Mark 57 Pfennig).

II.

Dieser hiedurch vollzogenen Stiftung erteilen Wir in der Eigenschaft einer selbständigen öffentlichen Unterrichtsstiftung mit der Benennung:
‚Königliches Maximilianeum'
Unsere landesherrliche Bestätigung. [...]"

Wie bei anderen Stiftungen wurde das Stiftungskapital des *Maximilianeums* in den 1920er Jahren vollkommen vernichtet. Einnahmen erzielte die Stiftung lediglich durch Vermietung des Gebäudes, soweit es nicht von ihr selbst genutzt wurde, also insbesondere der Räume der 1918 aufgelösten Pagerie, aus den Eintrittsgeldern für die Gemäldesammlung, aus Unterhaltsbeiträgen der Studierenden und aus Zuwendungen des Kultusministeriums.

1943 vernichteten Brandbomben den südlichen und den mittleren Teil der Gemäldegalerie und damit den Gemäldezyklus zur alten Geschichte. Lediglich Kaulbachs Bild von der Seeschlacht bei Salamis, das vorher geborgen worden war, konnte gerettet werden. Gegen Ende des Zweiten Weltkriegs ruhte der Betrieb des *Maximilianeums*.

Nach dem Krieg wurde das Gebäude des *Maximilianeums* zum Sitz des Bayerischen Landtags und des Senats. Da die Stiftung weder ihr Eigentum an dem Gebäude aufgeben noch ihren Sitz verlegen wollte, schloss der Landtag mit der Stiftung einen Mietvertrag, aus dessen Erträgnissen die Stiftung im Wesentlichen unterhalten wird. Um die Parallelexistenz von Landtag und Stiftung zu gewährleisten, wurden seit Kriegsende umfangreiche Baumaßnahmen durchgeführt.

DAS GESCHICHTSSTIPENDIUM LUDWIGS II.

Wie sein Vater Maximilian II. war König Ludwig II. (reg. 1864–1886) ein großer Freund historischer Studien. Wie belesen er in der Historie war, zeigen nicht nur seine Buchanschaffungen, wobei die französische Geschichte und die deutsche Geschichte des Mittelalters Schwerpunkte bildeten, sondern auch seine Detailkenntnisse in historischen Fragen. Der König hat sich in großem Umfang der Fachkompetenz der Historiker und Archivare zur Erstellung historischer Gutachten bedient. Eine besondere Vertrauensstellung besaß der Archivar Franz von Löher. Bei seinen Schlossbauten und bei Theaterstücken, die er in Auftrag gab, legte der König größten Wert auf historische Genauigkeit. Sein Hauptautor für historische Dramen war der Geschichtsprofessor und spätere Präsident der Akademie der Wissenschaften Karl Theodor Ritter von Heigel. Es verwundert daher nicht, dass Ludwig II., der selbst eine Zeit lang an der LMU immatrikuliert war, auch die historischen Forschungen und die Lehrtätigkeit der Professoren der Geschichtswissenschaft an der Universität mit Interesse verfolgte und sich der Förderung des Geschichtsstudiums annahm.

Am 13. Juli 1872 erließ Ludwig II. an das Staatsministerium des Innern für Kirchen- und Schulangelegenheiten das folgende Handschreiben: „Aus Anlaß des 400jährigen Jubiläums der Ludwig-Maximilians-Universität habe Ich Mich bewogen gefunden, aus Mitteln der Cabinettskasse mit einem Kapitale von 10.000 Gulden ein Stipendium zu errichten, das den Namen ‚Ludwigs-Stipendium' zu führen hat und an einen Studierenden der Geschichte behufs seiner Studien an der Münchner Universität oder behufs Vornahme wissenschaftlicher Reisen zu verleihen ist. Im Erledigungsfalle sind Mir drei Bewerber namhaft zu machen und zugleich die jeweiligen Modalitäten der Verleihung Meiner Genehmigung zu unterbreiten. Hohenschwangau, den 13. Juli 1872."

Das Stiftungskapital von 10.000 Gulden übertrug die Kabinettskasse in Form von viereinhalbprozentigen bayerischen Staatspapieren an das Kultusministerium und dieses leitete es an den Verwaltungsausschuss der Universität weiter. Am 1. Februar 1873 wurde die Stiftungsurkunde ausgefertigt, in der auf Wunsch des Königs noch festgelegt wurde, dass ein Bewerber

Immatrikulationsurkunde des Kronprinzen Ludwig, des späteren Königs Ludwig II. (1845–1886) an der LMU zum Wintersemester 1864/65.

bereits zwei Semester Geschichte studiert haben müsse. Das erste Stipendium in Höhe von 450 Gulden wurde im November 1873 dem Studenten Theodor Henner aus Würzburg verliehen, der bereits vier Jahre in München studiert und dabei „umfangreiche Untersuchungen über das Herzogtum Franken vorgelegt" hatte. Das Stipendium für 1874/75 verlieh der König Henry Simonsfeld, der von Professor Giesebrecht vorgeschlagen worden war. Simonsfeld, „mit einer größeren kritischen Arbeit über die älteste venetianische Geschichtsschreibung beschäftigt", wollte das Stipendium für einen Forschungsaufenthalt in Italien nutzen. Zu den Stipendienträgern der nächsten Jahre gehörten unter anderen Robert Poehlmann aus Nürnberg und Hermann Grauert aus Pritzwalk/Brandenburg. Zahlreich sind die Bibliothekare und Archivare unter den Stipendiaten, wie etwa Ivo Striedinger aus Bayreuth, Joseph Weiss aus Gersheim, Georg Leidinger aus Augsburg, Georg Schrötter aus Ginnglmühl und Theodor Bitterauf aus Nürnberg. 1906 erhielten Wilhelm Hausenstein, 1908 und wieder 1909 Karl Alexander von Müller, der Sohn des vormaligen Kultusministers, das inzwischen auf 640 Mark angehobene Stipendium. 1911 erhielt der Reichsarchivpraktikant Fridolin Solleder aus Straubing und 1912 und 1913 der spätere Bibliothekar Johann Paul Ruf aus Würzburg das Stipendium. Zum letzten Mal wurde das Stipendium, soweit ersichtlich, 1922 verliehen.

FRANCISCO REISINGERO
collegae quondam optimo
qui perfecto vitæ opere in ægrotis curandis
post mortem quoque posteros curavit
natione liberalissima et munificentissima
grate pieque
Rectore senatus Universitatis Monacen.
posuerunt

Grabmal Franz Reisingers (1787–1855) mit dessen Büste auf dem Friedhof an der Hermannstraße in Augsburg.

8. Bürgerliches Stiftungswesen für die Universität im 19. Jahrhundert

FRANZ REISINGER UND DIE ENTWICKLUNG DER MEDIZINISCHEN FAKULTÄT

So spektakulär das *Maximilianeum* war und so prominent es noch heute im allgemeinen Bewusstsein verankert ist, war doch die bedeutendste Stiftung des 19. Jahrhunderts an der Universität München zweifellos die des Mediziners Dr. Franz Reisinger. Seine Stiftung kam der Medizinischen Fakultät zugute, und ohne sie wären die rasche Entwicklung und der gute Ruf der medizinischen Forschung in München undenkbar. Die staatlichen Zuwendungen hätten bei weitem nicht die Bedürfnisse der Universität gerade im naturwissenschaftlich-medizinischen Bereich befriedigen können.

Die Stiftung Reisingers, das so genannte *Reisingerianum*, hatte für die medizinische Forschung und Lehre an der Universität Landshut-München eine kaum zu überschätzende Bedeutung. Der 1787 in

(Die Stipendien = Stiftung des Königl. Universitäts = Professors Dr. Reisinger betreffend.)

Im Namen Seiner Majestät des Königs.

Der königl. Universitäts = Professor Dr. Reisinger, dermal zu Erlangen, hat ein Stipendium für Studierende der Arzney = Wissenschaft oder Rechtskunde aus Landshut mit einem Capitale von 806 fl. 36 kr. gestiftet.

Diese verdienstliche Handlung wird mit dem Bemerken zur öffentlichen Kenntniß gebracht, daß dem Stifter das besondere Wohlgefallen der unterfertigten Stelle hierüber bezeigt worden ist.

München den 30. April 1824.

Kön. Baier. Regierung des Isarkreises,
Kammer des Innern.
v. Widder, Präsident.
v. Hoffstetten, Director.
Richard, Acc.

Offizielle Ankündigung der Reisinger-Stipendienstiftung im Jahr 1824.

Das 1863 eröffnete sog. Reisingerianum in der Sonnenstraße 17 war das erste eigene Gebäude der 1843 gegründeten Münchner Poliklinik.

Koblenz geborene und seit 1792 in Augsburg lebende Reisinger hatte sich nach seiner Schulausbildung für ein Studium der Medizin entschieden, das er 1814 in Göttingen mit der Promotion abschloss. In der Folgezeit unternahm er zahlreiche Auslandsreisen, publizierte viel und machte sich in der Fachwelt durch die Erfindung chirurgischer und augenärztlicher Instrumente einen Namen. 1819 wurde er auf den Lehrstuhl für Chirurgie nach Landshut berufen, wo er bis 1824 wirkte. Reisinger verfocht eine berufsnahe Ausbildung. Nach Streitigkeiten mit seinen Kollegen wurde er 1824 als Lehrer für Geburtshilfe mit höherem Gehalt nach Erlangen versetzt, trat aber diese Stelle nicht mehr an. Kurz nach seiner Versetzung stiftete er für Studierende der Arznei-Wissenschaft oder der Rechtskunde Stipendien mit einem Kapital von 806 Gulden und 36 Kreuzern. Nach seiner vorzeitigen Quieszierung im Jahr 1826 zog sich Reisinger nach Augsburg zurück, wo er am Allgemeinen Krankenhaus tätig wurde. Seit 1831 bis zu seinem Tod 1855 war er dessen Direktor. Respekt verdient Reisingers soziales Verantwortungsgefühl. Sein gesamtes Vermögen stiftete der ledige Reisinger für die ärztliche Versorgung der Armen und für die ärztliche Fortbildung. Seit 1831 rief Reisinger in Augsburg ein Dutzend wohltätiger Stiftungen ins Leben. Wenige Tage vor seinem Tod vermachte er der Universität München testamentarisch, mit Abzug einiger Legate, sein gesamtes Vermögen in Höhe von etwa 300.000 Gulden für die Errichtung, den Betrieb und die Erhaltung einer Bildungsanstalt für Ärzte. Der Unterricht in dieser Anstalt sollte sich auf „praktisches Handeln konzentrieren".

Zum Vollzug des Testaments wurde eine Kommission von Professoren bestellt.

Das neue Reisingerianum: Die 1907–1910 nach Plänen von Ludwig von Stempel und Julius Beckmann erbaute Poliklinik der Universität München. Fassadenansicht Ecke Pettenkofer-/Mathildenstraße.

Aus dem Zinserlös sollte zunächst das Gebäude für die Stiftung errichtet werden. 1861 wurde das Anwesen Sonnenstraße 17 gekauft und mit der Errichtung der entsprechenden Gebäude begonnen, die 1884 mit einem Aufwand von 80.000 Mark aus dem Stiftungsvermögen erweitert wurden. Die gesamten Bauten der Poliklinik, die im 19. Jahrhundert entstanden sind, hat die Universität der Stiftung Reisingers zu verdanken. Erst nach 1900 investierte auch der Staat, der 1907 ein neues Gebäude errichten ließ. Aus den Mitteln des *Reisingerianums* wurden nun vor allem die Personal- und Sachkosten getragen. Das Beispiel des Stifters wirkte auch auf andere. So wendete etwa Heinrich von Leveling, der aus einer alten Ingolstadt-Landshuter Professorenfamilie stammte und ein Anwesen neben der Poliklinik besaß, 1884 der Stiftung Reisingers 50.000 Mark zu.

Krieg und Inflation trafen die *Reisinger-Stiftung* besonders hart. Von dem ursprünglichen riesigen Vermögen ist heute (Stand 2009) nur mehr ein Kapitalstock von ca. 34.000 Euro übrig, so dass jährlich etwa 1.100 Euro ausgeschüttet werden können.

KIRCHENHISTORIKER ALS STIFTER: MÖHLER, REITHMAYR, VON DÖLLINGER UND KNÖPFLER

In der ersten Hälfte des 19. Jahrhunderts sank die Stiftungsbereitschaft fast auf den Nullpunkt. Die stiftungsfeindlichen staatlichen Maßnahmen der Montgelaszeit, der Versuch der allumfassenden Kontrolle selbständiger Stiftungen und die Entmündigung aller genossenschaftlich organisierter Körperschaften, hatten dazu geführt, dass die Eigeninitiative der Bürger erstarb. Den größten Niedergang des Stiftungsgedankens sah der kirchliche Bereich, da sich der Staat dort im Rahmen der Säkularisation viel Stiftungsgut angeeignet hatte.

Der staatliche Zugriff auf geistliche Stiftungen und auf geistliche Pfründen beeinträchtigte auch das Theologiestudium zu Beginn des 19. Jahrhunderts stark. Umso bedeutender war es, dass einer der größten katholischen Theologen des vorvergangenen Jahrhunderts, Johann Adam Möhler, als einer der ersten Stifter nach der „Stiftungskatastrophe" der Montgelaszeit mit einer Stipendienstiftung für Theologiestudenten hervortrat. Johann Adam Möhler war in jeder Hinsicht eine außerordentliche Erscheinung. Als Professor für Kirchengeschichte in Tübingen (1828 bis 1835) und München (1835 bis zu seinem frühen Tod 1838) wurde er zum bedeutendsten Vertreter der *Tübinger Schule*, die spekulatives Denken und historische Methode verband. Möhler sollte zu den großen Anregern der Kirchengeschichtsschreibung und dogmengeschichtlichen Forschung des 19. Jahrhunderts werden. Bis heute vorbildlich ist seine dogmengeschichtliche Monographie von 1827, *Athanasius der Große und die Kirche seiner Zeit.*

Johann Adam Möhler (1796–1838), Professor für Kirchengeschichte.
Ölgemälde von Eduard Istas, um 1830.

Möhler verteidigte in Auseinandersetzung mit Schleiermacher und Hegel das katholische Lehrsystem. Seine *Symbolik, oder Darstellung der dogmatischen Gegensätze der Katholiken und Protestanten, nach ihren öffentlichen Bekenntnißschriften* von 1832 und seine *Neuen Untersuchungen der Lehrgegensätze zwischen den Katholiken und Protestanten* von 1834 regten sowohl Katholiken als auch Protestanten zum Studium der Eigenart des Katholizismus an. Möhler ging es um die Versöhnung der beiden christlichen Bekenntnisse. Vor allem lag ihm aber an der Erneuerung des katholischen Lebens in Deutschland.

Die neue Dimension des katholischen Selbstbewusstseins zeigte sich anlässlich der so genannten *Kölner Wirren,* heftigen Auseinandersetzungen zwischen dem preußischen Staat und der katholischen Kirche, die 1837 in der Verhaftung des Kölner Erzbischofs Clemens August Droste zu Vischering kulminierten. Opposition gegen das preußische Vorgehen kam vor allem aus München, genauer aus dem Görreskreis, zu dem auch Möhler und Ignaz von Döllinger gehörten.

Als Möhler am 11. April 1838, einen Tag vor seinem Tod, testamentarisch seine Stipendienstiftung verfügte, hatten seine Schriften in Bayern schon Früchte getragen. Angesichts der *Kölner Wirren* und unter dem Einfluss von Joseph Görres war König Ludwig I. zum Anwalt des Katholizismus in Deutschland geworden. Die Theologie als Universitätsfach und damit verbunden die Priesterausbildung durften sich in Zukunft wieder einer unerwarteten Förderung erfreuen. Das war auch höchste Zeit, denn schon 1812, keine zehn Jahre nach der Säkularisation, war bereits ein empfindlicher Priestermangel spürbar geworden, der sich von Jahr zu Jahr steigerte und in den 1830er Jahren seinen Höhepunkt erreichte. Möhlers Stipendienstiftung trug dazu bei, dass die Münchner Theologische Fakultät zum Dreh- und Angelpunkt der kirchlichen Erneuerung in Bayern wurde.

In Erinnerung an den frühverstorbenen Lehrer Möhler ergänzte der seit 1837 als außerordentlicher und ab 1841 als ordentlicher Professor der neutestamentarischen Exegese tätige Franz Xaver Reithmayr die Stiftung seines Lehrers mit einer Zustiftung von 1.000 Gulden. Reithmayr, der 1840 die *Patrologie* Möhlers und 1852 eine Einleitung in die Hl. Schriften des Neuen Testaments herausgab, hat sich besondere Verdienste als Begründer der Köselschen *Bibliothek der Kirchenväter* erworben.

In diesen Kontext gehört auch das *Heinrich Kleesche Stipendium* mit einem Kapital von 1.000 Mark, das 1878 von dem Mediziner Dr. Franz Klee gestiftet wurde, um das Andenken seines Onkels Heinrich Klee zu ehren, der 1839 den Lehrstuhl Möhlers in München übernommen hatte, aber schon ein Jahr später mit 40 Jahren gestorben war. Heinrich Klees Hauptwerk ist die dreibändige *Katholische Dogmatik*. Seine Büste im Nördlichen Friedhof sollte nach dem Willen des Stifters ebenfalls aus den Erträgen der Stiftung erhalten werden.

Franz Xaver Reithmayr (1809–1872), Schüler Möhlers und Zustifter zu dessen Stipendienstiftung.

Die von Möhler begründete, historisch-kritisch ausgerichtete *Münchner Schule* fand in Reichsrat Professor Dr. Ignaz von Döllinger einen würdigen Erben. Auch er gehört zu den großen (und wenigen!) Stiftern und Wohltätern der Universität München im 19. Jahrhundert. In seinem Testament vom 16. August 1888 traf er die folgende letztwillige Verfügung: „Meine Bibliothek und bare 10.000 Mark soll die Ludwig-Maximilians-Universität in München mit der Auflage erhalten, erstere nach gedrucktem Kataloge bestmöglich zur Versteigerung zu bringen und aus dem Erlöse zuzüglich jener 10.000 Mark eine Stiftung zu errichten, deren Renten zur Unterstützung unbemittelter junger Männer verwendet werden sollen, welche nach vollendetem Studienkurs sich zum Lehramt vorbereiten und zugleich wissenschaftliche Arbeiten unternehmen. Die einzelnen Fakultäten sollen im Turnus dem Senate die geeignete Persönlichkeit nach Fakultätsbeschluß vorschlagen". Ignaz von Döllinger starb am 10. Januar 1890 in München. Die *Döllinger-Stiftung*

Ignaz von Döllinger (1799–1890), Nachfolger Möhlers als Professor für Kirchengeschichte.

Aufnahme aus dem Jahr 1868.

wurde am 22. Februar 1890 von Prinzregent Luitpold bestätigt. Der Katalog der Bibliothek umfasste 18.495 Nummern. Da sich ein Verkauf im Ganzen zu einem angemessenen Preis nicht realisieren ließ, kaufte die Universität 1895 die Bibliothek für 40.000 Mark. Die Bezahlung erfolgte durch eine Anzahlung von 5.000 Mark und jährliche Zahlungen von 3.000 Mark. Einer der ersten, die von Döllingers Stipendium profitierten, war Georg Pfeilschifter, der später seinerseits eine beachtliche Stiftung zugunsten des *Georgianums* einrichtete.

1886 berief die Fakultät Alois Knöpfler auf den Lehrstuhl für Kirchengeschichte in München, der nach Döllingers Exkommunikation von Silbernagl vertretungsweise versehen worden war. Knöpfler stammte aus dem württembergischen Allgäu und war wie Möhler vor ihm ein Vertreter der *Tübinger Schule.* Seit 1881 wirkte er als Professor am Lyzeum in Passau, ehe er 1886 einem Ruf nach München folgte. Neben seiner Lehrtätigkeit arbeitete er an der *Universalgeschichte der katholischen Kirche* von Rohrbacher und an der *Konziliengeschichte* seines Lehrers Hefele mit. In München blieb er bis 1917 Professor für Kirchengeschichte. Knöpflers großes Verdienst ist die Gründung des Kirchen-

Der Kirchenhistoriker Alois Knöpfler (1847–1921).

historischen Seminars in München, das er unter persönlichen Opfern zu einem blühenden Zentrum der Wissenschaft machte. Allein die 45 Nummern der *Veröffentlichungen aus dem Kirchenhistorischen Seminar München* zwischen 1899 und 1920 zeugen von der wissenschaftlichen Fruchtbarkeit dieser Einrichtung. Eine Zusammenfassung seiner Forschungen bietet das 1895 erstmals erschienene *Lehrbuch der Kirchengeschichte*. Am 12. Juni 1907 stiftete Knöpfler 5.000 Mark für wissenschaftliche Arbeiten am Kirchenhistorischen Seminar und setzte damit die Stiftungstätigkeit seiner Vorgänger fort.

EIN SCHOTTISCHER ASTRONOM FÖRDERT JUNGE BAYERISCHE NATURWISSENSCHAFTLER

Seine Verbundenheit mit der neuen Heimat Bayern und sein ausgeprägtes Interesse für die Naturkunde bewogen den schottischen Astronomen Dr. Johannes von Lamont, eine Stiftung für Nachwuchswissenschaftler an der Ludwig-Maximilians-Universität einzurichten. Eigentlich sollte der am 13. Dezember 1805 im schottischen Corriemulzie bei Braemar in Aberdeenshire geborene Johannes von Lamont Geistlicher werden. Zu diesem Zweck sandte man ihn nach dem Tod seines Vaters 1817 als Zögling des Regensburger Schottenklosters nach Bayern. Das Schottenkloster war als ausländisches Kloster von der Säkularisation verschont geblieben. Schon bald fiel Lamonts Begabung im Bereich der Naturwissenschaften und der Mathematik auf, die ihn von der Theologie abkommen ließ. 1827 trat er als Adjunkt der 1816 eröffneten Bogenhausener Sternwarte in den Dienst der Bayerischen Akademie der Wissenschaften. Seit 1833 kommissarischer, seit 1835 offizieller Leiter der Sternwarte, wurde er bereits 1836 als ordentliches Mitglied in die Akademie aufgenommen. Fünf Jahre später errichtete er ein erdmagnetisches Observatorium auf der Sternwarte, dessen Messungen zu jener Zeit weltweit unübertroffen waren. 1853 wurde Lamont Professor für Astronomie in München. 24 Bände der *Annalen der Sternwarte in*

Der Astronom Johann von Lamont (1805–1879).

Bildnis von Karl Rexhäuser, 1896

Lamont leitete die 1816 gegründete Sternwarte in Bogenhausen von 1833 bis zu seinem Tod im Jahr 1879.

München zeugen von der rastlosen Tätigkeit Lamonts und seiner Mitarbeiter.

1854 und 1863 verfügte er testamentarisch, dass aus seinem Vermögen eine Stipendienstiftung in Höhe von insgesamt 9.000 Gulden zugunsten von angehenden Studenten der Mathematik, Physik oder Astronomie zu errichten sei. Die Bewerber mussten in Bayern geboren und katholisch sein. Wie ertragreich diese Stipendienstiftung war, zeigt eine Bekanntmachung des Akademischen Senats im *Ministerialblatt für Kirchen- und Schulangelegenheiten* von 1913:

„Bekanntmachung.
Die Verleihung zweier von Lamontschen Stipendien für die Jahre 1914, 1915 und 1916 betreffend

Es kommen demnächst zwei Stipendien zu je 2.100 M aus den Renten der von Lamontschen Stipendienstiftung zur Verleihung. Diese Stiftung ist bestimmt in erster Linie die Heranbildung junger Gelehrter im Fache der reinen Mathematik, der Physik und der Astronomie zu fördern. Sollten sich jedoch keine Bewerber finden, welche diesen Fächern angehören und zugleich den übrigen Bewerbungsbedingungen entsprechen, so können aus der Stiftungsrente in zweiter Linie auch zur Förderung des höheren Studiums der Naturwissenschaften, überhaupt jungen Chemikern, Mineralogen, Botanikern oder Zoologen diese Stipendien verliehen werden.
Die Stipendien werden auf drei Jahre verliehen, jedoch soll nach den ersten drei Jahren derselbe Bewerber, wenn er vor-

Grabsteindetail Johann von Lamonts auf dem Friedhof St. Georg in München-Bogenhausen.

zügliche Leistungen nachzuweisen imstande ist, um fernere Beibehaltung seines Stipendiums für höchstens drei Jahre nachsuchen können.
Die Bedingungen für die Bewerbung sind folgende:

1. Die Bewerber müssen an der hiesigen Universität immatrikuliert, geborene Bayern und katholischer Religion sein und nach Vollendung der allgemeinen Universitätsstudien die mathematischen Disziplinen, d.h. die reine Mathematik, die Physik oder die Astronomie zum Beruf gewählt haben oder eventuell dem höheren Studium der Chemie, Mineralogie, Botanik oder Zoologie sich widmen.

2. Jeder Bewerber muß eigene Arbeiten, die sein Talent bekunden, oder wenigstens eine schriftliche Erklärung von einem kompetenten Gelehrten vorlegen, worin ihm bezeugt wird, daß er die Fähigkeiten, den Fleiß und die Ausdauer besitze, die nötig sind, um eine höhere wissenschaftliche Ausbildung zu erlangen.

Zu den Verpflichtungen der Stipendiaten gehören insbesondere folgende:
1. Dieselben sollen in der Regel am Sitze der Ludwig-Maximilians-Universität sich aufhalten und immatrikuliert bleiben, doch können die Stipendien auch mit besonderer Bewilligung der philosophischen Fakultät und des akademischen Senats zu Reisestipendien benützt werden.
2. Jeder Stipendiat hat am Ende eines jeden Jahres der philosophischen Fakultät einen Rechenschaftsbericht über seine Studienfortschritte vorzulegen [...]."

Das Kapital der Stiftung ging in der Inflation nach dem Ersten Weltkrieg zum großen Teil verloren. Der nach der Währungsreform von 1948 verbliebene Rest wurde 1960 der *Vereinigten Stipendienstiftung* zugeteilt. Ein Jahresgottesdienst in Bogenhausen erinnert noch heute an den großen Naturwissenschaftler und Wohltäter der Universität.

DER OBERPFÄLZER LEIBARZT DES VIZEKÖNIGS VON ÄGYPTEN BEDENKT ANGEHENDE MEDIZINER

Franz Ignaz von Pruner-Bey wird als großzügiger Förderer der medizinischen Forschung und Lehre wie als Abenteurer in die Stifter-Annalen der Ludwig-Maximilians-Universität eingehen. Pruner, 1808 in Pfreimd in der Oberpfalz geboren, war nicht nur einer der bedeutendsten Mediziner im Bayern des 19. Jahrhunderts, sondern darüber hinaus auch ein früher „Kulturwissenschaftler", der sich um die bayerisch-ägyptischen Beziehungen größte Verdienste erworben hat.

Franz Ignaz von Pruner-Bey (1808–1882), Mediziner in Ägypten und Stifter von Medizinstipendien an der Münchner Universität.

Pruner hatte bei dem Internisten Ernst von Grossi, dem Anatomen Ignaz Döllinger und dem Chirurgen Johann Nepomuk von Ringseis in München Medizin studiert und wurde dort promoviert. Während eines Weiterbildungsaufenthalts in Paris traf er den Mediziner Etienne Pariset, der mit Untersuchungen über Pestepidemien in Ägypten beauftragt war. Pariset weckte Pruners Interesse für Ägypten. 1831, mit 23 Jahren, schloss dieser sich, finanziert von der Bayerischen Akademie der Wissenschaften, einer Ägyptenexpedition des Regensburger Naturforschers Karl von Hügel an, um dort die Beulenpest zu studieren. Als Pruner in Ägypten eintraf, wurde er angesichts des ausgezeichneten Rufs, den die Münchner Medizin damals weltweit besaß, sofort von dem gegenüber westlicher Wissenschaft aufgeschlossenen Vizekönig Mehmed-Ali auf den Lehrstuhl für Anatomie und Physiologie an der 1825 gegründeten medizinischen Schule von Abu-Zabel bei Kairo berufen.

Während seines Aufenthalts in Ägypten blieb Pruner in stetem Kontakt mit der Bayerischen Akademie der Wissenschaften und wurde 1838 zum korrespondierenden Mitglied der mathematisch-physikalischen Klasse ernannt. Als Ergebnis seiner anthropologischen Forschungen übersandte er der Akademie 1841 eine Abhandlung über die *Überbleibsel der altägyptischen Menschenrassen.* 1847 erschien als weiteres grundlegendes Werk *Ägyptens Naturgeschichte und Anthropolo-*

gie. Das Hauptinteresse Pruners lag freilich auf dem Gebiet der Medizin. In Ägypten war er inzwischen zum Direktor der Zentralspitäler in Kairo und Kasr-el-Aini sowie zum Professor der Augenheilkunde aufgestiegen. 1839 wurde er Leibarzt von Abbas Pascha und erhielt den Titel und Rang eines Beys.

Franz Ignaz von Pruner-Bey blieb bis 1860 in Ägypten. Dann kehrte er aus gesundheitlichen Gründen nach Europa zurück, zuerst nach Paris und nach Ausbruch des deutsch-französischen Krieges 1870 nach Pisa, wo er 1882 starb. In seinem Testament vom 25. April 1873 stiftete er der Universität München eine bedeutende Summe, die 1883 eine Rente von 6.275 Francs abwarf. 1901 betrug das Kapital 95.015 Mark. Nach dem Willen des Erblassers sollten erstmals 1906/7 Studierende der Medizin in den Genuss von Stipendien kommen. 1906 wurde ein *Statut für den von Dr. Pruner-Bey begründeten Stipendienfonds* errichtet. Auch diese Stiftung hat nach zwei Kriegen, Inflation und Währungsreform an Wert verloren. Die verbliebenen Reste der Stiftung gingen 1960 in der *Vereinigten Stipendienstiftung* der Universität München auf.

STIFTEN ZUM ANDENKEN AN JURISTEN

Es ist schwer zu sagen, inwieweit Stiftungen Vorbilder für andere Stifter waren. Die Universität hat niemals in Form einer Kampagne Werbung für Stiftungen gemacht. Doch ist anzunehmen, dass sowohl Studenten als auch Professoren in den Stiftungen, die sie von der Universität her kannten oder vielleicht sogar als Stipendiaten genutzt hatten, angeregt wurden, selbst – sofern es die Vermögensverhältnisse zuließen – als Stifter aufzutreten. So ist es nicht verwunderlich, dass zahlreiche Stifter aus der Universität selbst kamen.

Für die Jurisprudenz an der Ludwig-Maximilians-Universität setzte sich Konrad von Maurer ein. Er wurde 1823 in Frankenthal in der bayerischen Pfalz als Sohn des Rechtshistorikers und Politikers Georg von Maurer geboren. Das Interesse

Konrad von Maurer (1823–1902), Jurist und Islandspezialist.

des promovierten Juristen galt vor allem der altnordischen Rechtsgeschichte und Philologie. Seit 1847 Professor der Rechte in München, veröffentlichte er nach einer Island-Reise, die er 1858 unternommen hatte, 1860 isländische Volkssagen und 1874 das Geschichtswerk *Island von seiner ersten Entdeckung bis zum Untergange des Freistaates.* Maurer gilt als einer der Mitbegründer des isländischen Staates. Seine rechtshistorischen Forschungen sind niedergelegt in seinen *Vorlesungen über altnordische Rechtsgeschichte,* die in den Jahren 1907 bis 1910 in fünf Bänden erschienen. 1865 wurde Maurer in die Bayerische Akademie der Wissenschaften aufgenommen. Am 3. Juni 1876 beurkundete Maurer eine Schenkung, nach der er das von seiner Schwester geerbte Haus Nr. 2 an der oberen Gartenstraße, der heutigen Kaulbachstraße, der Stadt München unter der Bedingung überließ, dass die Stadt der Stipendienverwaltung der Universität den Betrag von 18.000 Mark zur Begründung einer Stipendienstiftung ausbezahlte. Laut Satzung für die *Stipendienstiftung der juristischen Fakultät,* die Maurer am 30. Juli 1876 verfasste, sollte das Stipendium einem tüchtigen und bedürftigen Rechtskandidaten gegeben werden, der die juristische Schlussprüfung bereits bestanden, aber noch nicht die Staatsprüfung gemacht hatte. Die Stiftung wurde am 20. Februar 1877 bestätigt.

Für manchen Stifter, der nicht selbst Angehöriger der Universität war, genügte bereits die mittelbare Verbundenheit zur Hochschule als Motivation für eine Stiftung, so im Falle des Legationsrates Richard von Holtzendorff, dessen Vater Professor der Ludwig-Maximilians-Universität gewesen war. Richard von Holtzendorff vermachte laut Testament vom 23. Oktober 1922 der Universität München den größten Teil seines Nachlasses mit der

Der Jurist Franz von Holtzendorff (1829–1889) nach einer Zeichnung aus dem Jahr 1881. Zu seinem Andenken begründete sein Sohn Richard eine Stiftung.

Auflage, eine Stiftung zum Andenken an seinen am 4. Februar 1889 verstorbenen Vater zu begründen. Die entsprechenden Bestimmungen in seinem Testament lauteten: „Diese Stiftung soll zur Unterstützung würdiger, armer deutscher Studenten in den Hauptfächern meines seligen Vaters: Völkerrecht, Strafrecht, Strafprozeßrecht und Gefängniswesen dienen. Ich glaube so ganz besonders im Sinne meines Vaters zu handeln, den das Ergehen der deutschen Studenten nach dem Kriege tief betrüben würde. Unter den deutschen Studenten möchte ich unsere deutsch-österreichischen Brüder, die an der Universität München studieren, mit inbegriffen wissen."

Der Vater des Stifters, Professor Dr. Franz von Holtzendorff, dessen Andenken die Stiftung gewidmet war, stammte aus der Uckermark. Er gehörte zu den einflussreichsten und wissenschaftlich fruchtbarsten Juristen des 19. Jahrhunderts. Im Ausland galt er als der berühmteste deutsche Jurist seiner Zeit. Sein Studium hatte Holtzendorff seit 1844 in Berlin, Heidelberg und Bonn absolviert. 1852 wurde er in Berlin promoviert, 1857 habilitiert. Ins gleiche Jahr fällt seine Eheschließung mit Pauline Binder, einer Tochter des regierenden Bürgermeisters von Hamburg. 1861 erhielt er in Berlin eine außerordentliche, 1872 eine ordentliche Professur, folgte aber noch im selben Jahr einem Ruf an die Universität München, wo er bis zu seinem Tod Staats-, Völker- und Strafrecht lehrte. Auf Holtzendorff geht die Gründung des *Deutschen Juristentags* zurück. Der überzeugte Protestant setzte sich energisch für die Rechte der Frauen ein. Auch an der Gründung der Berliner Volksküchen war er beteiligt. Berühmt wurde seine Verteidigung des Grafen Harry von Arnim im Jahr 1874. Eine enge Freundschaft verband ihn mit Rudolf Virchow.

Das beträchtliche Vermögen, das sein Sohn, Richard von Holtzendorff, der am 22. Februar 1923 starb, von seinem Vater übernommen und der Universität vermacht hatte, schmolz durch die Inflation schnell dahin. Bei der Schlussabrechnung 1925 verblieben der Universität nur noch etwa 9.670 Reichsmark in Wertpapieren und 726 Reichsmark an Bargeld. Doch erwies sich ein Teil der Wertpapiere als so wertbeständig, dass er bis heute die Grundlage einer nicht rechtsfähigen Stiftung bildet.

EINE STÄDTISCHE STIFTUNG, MIT DANK AN MAX VON PETTENKOFER

Stiftungen können ebenso indirekt der Universität zugute kommen: Auch wenn eine Stiftung nicht von der Universität verwaltet wird und auch nicht konkret für ihre Studierenden oder Lehrenden eingerichtet wurde, so kann die Universität doch davon profitieren. Eine solche Stiftung ist die städtische *Max von Pettenkofer-Stiftung*. Max von Pettenkofer gilt als der Begründer der modernen Wissenschaft von der Hygiene. Geboren am 3. Dezember 1818 in der Einöde Lichtenheim bei Neuburg an der Donau, in dem im Donaumoos liegenden ehemaligen Zollhaus zwischen dem Fürstentum Pfalz-Neuburg und dem Kurfürstentum Bayern, machte der kluge Bauernsohn bald auf sich aufmerksam. Sein Onkel war Hofapotheker, und so konnte der junge Pettenkofer neben einer Apothekenlehre auch ein Medizinstudium absolvieren. Seine medizinisch-pharmakologischen Kenntnisse ergänzte er durch physiologisch-chemische Studien bei Professor Justus von Liebig in Gießen. Schon 1847, also mit 29 Jahren, wurde er zum außerordentlichen und 1852 zum ordentlichen Professor für medizinische Chemie an der Universität München ernannt. Seine eigentliche Lebensaufgabe fand Pettenkofer schließlich, als 1854 in München die Cholera ausbrach. Auch er erkrankte daran, wurde wieder gesund und machte sich auf die Suche nach der Ursache der Seuche. Er erkannte sie vor allem in der Verunreinigung von Boden und Grundwasser und geriet damit in Konflikt mit Robert Koch, der annahm, dass in erster Linie die 1883 von ihm entdeckten Cholerabazillen für die Seuche verantwortlich seien. Pettenkofer schluckte 1892 in einem berühmten Experiment unbeschadet so viele Cholerabazillen, dass sie nach Kochs Meinung ausgereicht hätten, um einen ganzen Münchner Stadtteil zu verseuchen. Heute wissen wir, dass Pettenkofer wahrscheinlich durch seine bereits früher überstandene Choleraerkrankung immun gegen die Cholera war. Pettenkofer begründete ein neues wissenschaftliches Fachgebiet, die Hygiene. Er wurde der erste deutsche Professor für Hygiene und gründete 1878 das noch heute bestehende Hygienische Institut der Universität München. Bedeutend sind vor allem seine Verdienste um die Verbesserung der hygienischen Verhältnisse in der Stadt München. Er setzte zunächst die Abdichtung der Abortgruben durch, deren Inhalt bis dahin das Grundwasser verseucht hatte. Zwischen 1863 und 1893 bemühte er sich dann um den Bau einer Schwemmkanalisation. Das Beispiel machte in ganz Deutschland Schule. In München, das bis in die zweite Hälfte des 19. Jahrhunderts als eine der ungesündesten Städte Deutschlands galt, sank die Sterblichkeitsziffer deutlich. Pettenkofer, der 1883 geadelt und 1896 zum Geheimrat ernannt wurde, erhielt für seine Tätigkeit höchste wissenschaftliche Anerkennungen. 1865 wählte man ihn zum Rektor der Universität und 1890 zum Präsidenten der Bayerischen Akademie der Wissenschaften. Die Stadt München verlieh ihm 1872 die Ehrenbürgerwürde. Erst mit 76 Jahren verließ er seinen Lehrstuhl an der Universität, um seinen Lebensabend in Seeshaupt am Starnberger See zu verbringen. Tragisch war Pettenkofers Lebensende: Am 10. Februar 1901 nahm er sich in einem Anfall von Depression das Leben.

Aus Anlass des 70. Geburtstags ihres Ehrenbürgers errichtete die Stadt München 1888 eine Stiftung mit einem Kapital von 10.000 Mark, die den Namen *Geheimrat Dr. von Pettenkofersche Stiftung* trug.

Mit den Renten des Stiftungskapitals sollte die Lösung von Preisfragen auf dem Gebiet der wissenschaftlichen und praktischen Hygiene prämiert werden. Als Preise waren Geldbeträge von 1.000 bis 2.000 Mark ausgesetzt. Die Verwaltung der Stiftung oblag dem Stadtmagistrat. An der Stiftung beteiligten sich bald auch andere Städte, die von den Hygieneforschungen Pettenkofers profitiert hatten. Zustiftungen machten bereits 1889 die Stadt Leipzig (5.000 Mark) und die Stadt Danzig (300 Mark). Auch Schüler Pettenkofers beteiligten sich mit 500 Mark. Am 8. April 1889 wurde die Stiftung von Prinzregent Luitpold, einem großen Freund und Förderer Pettenkofers, bestätigt.

Pettenkofer selbst hatte an eine Stiftung zugunsten der Universität gedacht. In seinem Testament vom 27. März 1888 vermachte er seinem Enkel Moritz von Pettenkofer ein Vorvermächtnis über 50.000 Mark mit der Auflage, dass dieses Kapital der Universität zufallen solle, falls dieser unverheiratet bliebe und ohne eheliche Nachkommen stürbe. Da dieser Fall nicht eintrat, blieb das Vermächtnis ohne Folgen für die Universität.

DIE JÜDISCHEN STIFTUNGEN AN DER UNIVERSITÄT MÜNCHEN

Die Rechtsverhältnisse der Juden in Bayern im 19. Jahrhundert basierten auf dem Judenedikt vom 10. Juni 1813. Dieses ging von der Grundannahme aus, dass die

Zu Ehren des Hygienikers Max von Pettenkofer (1818–1901) gründete die Stadt München eine eigene Stiftung.

Bildnis von Friedrich August von Kaulbach, 1901.

Juden dem Staate schädlich seien. Durch das Edikt sollte der Zuzug von Juden nach Bayern erschwert werden. Geduldet wurden nur noch die Juden, die das Indigenat erworben hatten. Voraussetzung dafür war die Eintragung in die neu anzulegende Matrikel der jüdischen Einwohner. Jeder Jude musste einen deutschen Familiennamen annehmen. Das Edikt verfügte, „daß die Zahl der Judenfamilien an den Orten, wo sie dermal bestehen, in der Regel nicht vermehrt werden darf, sie soll vielmehr nach und nach vermindert werden, wenn sie zu groß ist". Ein längerer Aufenthalt in Bayern war für einen Juden nur dann möglich, wenn er eine so genannte Matrikelnummer besaß, die sich vom Vater auf den

Der Stifter und Fürther Ehrenbürger Dr. Wilhelm Königswarter (1809–1887) verbrachte seinen Lebensabend in Südtirol, wo auch die abgebildete Aufnahme entstand.

Sohn vererbte. Wenn der Sohn vor dem Tod des Vaters einen eigenen Hausstand gründen wollte, musste er für viel Geld eine neue Matrikelnummer erwerben.

Durch Gesetz vom 10. November 1861 wurde diese Bestimmung aufgehoben. Damit war ein wichtiger Schritt in Richtung einer Gleichstellung der Juden getan. Aus Anlass dieser Gesetzgebung machte Dr. Wilhelm Königswarter, der aus einer bekannten Fürther Bankiersfamilie stammte, am 31. Dezember 1862 in Bayern eine Stiftung in Höhe von 3.000 Gulden für arme begabte Studenten „auch zur Weiterbildung im Ausland".

Bereits zuvor hatte der Privatier Adolf Kohn, der wie Königswarter ebenfalls aus Fürth stammte, in seinem Testament vom 26. Juni 1858 der Universität ein Vermächtnis in Höhe von 20.000 Gulden für unbemittelte Studierende der Universität München, die der israelitischen Konfession angehörten, vermacht. Knapp drei Jahrzehnte später, im Oktober 1886, stiftete Freiherr James Hirsch ein Kapital von 3.000 Mark für bayerische Studierende der Rechtswissenschaft israelitischer Konfession.

An eine berühmte jüdische Familie erinnert eine 1904 errichtete Stipendienstiftung, die nach dem 1894 verstorbenen Augenarzt Dr. Max Perles benannt wurde. Perles, Preisträger der Medizinischen Fakultät in München, der im Alter von 27 Jahren seiner wissenschaftlichen Tätigkeit auf bakteriologischem Gebiet zum Opfer fiel, war der Sohn des Münchner Rabbiners, Kultur- und Literaturhistorikers Joseph Perles. Während dessen Amtszeit als Rabbiner (seit 1871) verdreifachte sich die jüdische Bevölkerung Münchens, so dass 1887 eine neue Synagoge eingeweiht werden konnte. Der jüngere Bruder von Dr. Max Perles war der Rabbiner und Sprachwissenschaftler Felix Perles.

All diese Stiftungen gingen 1960 in der *Vereinigten Stipendienstiftung* auf.

Der Münchner Rabbiner und Kulturhistoriker Joseph Perles (1835–1894). Nach seinem in jungen Jahren verstorbenen Sohn Max (1867–1894) wurde eine Stipendienstiftung der Familie benannt.

Der Kunsthistoriker und Erfinder Hermann Anschütz-Kaempfe (1872–1931) mit Modellen des von ihm konstruierten Kreiselkompasses, 1920er Jahre.

9. Kunstgeschichte und Kreiselkompass

DER MÄZEN DR. HERMANN ANSCHÜTZ-KAEMPFE

Am Anfang stand ein Kompass. Der vielseitig begabte und interessierte Kunsthistoriker Dr. Hermann Anschütz-Kaempfe erfand 1904 den Kreiselkompass und erzielte aus dieser Erfindung so viel Gewinn, dass er die mathematisch-naturwissenschaftliche Forschung an der Ludwig-Maximilians-Universität großzügig fördern konnte.

Anschütz-Kaempfe wurde am 3. Oktober 1872 als Sohn eines Gymnasialprofessors in Zweibrücken in der damaligen bayerischen Pfalz geboren. Großvater Hermann Franz Anschütz hat sich als Kunstmaler und Professor an der Münchner Kunstakademie einen Namen gemacht. Nach dem Tod seines Vaters im Jahr 1893 heiratete die Mutter den Salzburger Kunsthistoriker Dr. Kaempfe, der Hermann Anschütz adoptierte. Anschütz-Kaempfe studierte Medizin in München und Innsbruck, wandte sich dann aber auf Anregung seines Adoptivvaters dem Studium der Kunstgeschichte zu und wurde in diesem Fach promoviert. Mit seinem Stiefvater unternahm er viele Reisen, besonders zu den klassischen Stätten des Mittelmeerraumes. Nach dessen Tod erbte Anschütz-Kaempfe ein beträchtliches Vermögen, das er für naturwissenschaftliche Forschungen verwendete. Sein Interesse galt u. a. der Arktis und dem Nordpol. 1901 trug er der *Wiener Geographischen Gesellschaft* einen exakt ausgearbeiteten Plan vor, wie man den Nordpol mittels eines Unterseebootes erreichen könnte. Tatsächlich war angesichts der gar nicht hohen Eisdecke ein solches Unternehmen grundsätzlich realisierbar, doch fehlte ein geeignetes Navigationsinstrument, da ein Magnetkompass im Bauch eines eisengepanzerten Unterseebootes unbrauchbar war. So griff Anschütz-Kaempfe zur Lösung dieses Problems auf eine Idee des französischen Wissenschaftlers Léon Foucault aus dem Jahr 1852 zurück: Er versuchte „in glücklicher Unkenntnis der bestehenden Schwierigkeiten" einen Kreiselkompass zu bauen, was ihm mit Hilfe von Experimenten im Müllerschen Volksbad in München und am Starnberger See und unterstützt von dem Mechanikermeister Keicher 1903 tatsächlich gelang. Damit glückte ihm als Laien eine Erfindung, an der sich vorher Ingenieure wie Werner von Siemens oder Lord Kelvin erfolglos versucht hatten. Er stellte seine Erfindung im Januar 1904 der Marine-Akademie in Kiel vor, und am 11. März lief der erste Kreiselkompass der Welt auf einem Schiff der Kieler Germania-Werft. Mit dem letzten Rest seines Privatvermögens gründete Anschütz-Kaempfe 1905 in Kiel die Firma *Anschütz & Co.* Die Kriegsmarine erkannte sehr bald die Bedeutung seiner Erfindung, und als sich 1908 der Kreiselkompass nach einer vierwöchigen Laufzeit an Bord des Linienschiffs *Deutschland* bewährt hatte, war der Siegeszug der Erfindung des Kunsthistorikers Dr. Anschütz-Kaempfe nicht mehr aufzuhalten. Da der Kreiselkompass auch eine Revolutionierung der Steuerungstechnik bewirkte, war die Erfindung nicht nur auf Schiffen, sondern auch im Bergbau, im Bahn- und Flugverkehr einsetzbar.

Das Vermögen, das Anschütz-Kaempfe mit seiner Erfindung erwarb, nutzte er zur Förderung der naturwissenschaftlichen Forschung. Er selbst hatte sich bald von der Leitung der Kieler Firma zurückgezogen und lebte in München. 1917 errichtete er in München eine Stiftung zur Förderung der naturwissenschaftlichen Forschung an der Universität, die 1919 erweitert wurde, jedoch in der Inflationszeit ihren Wert einbüßte. 1922 kaufte Anschütz-Kaempfe das Barockschloss Lautrach im Illerwinkel unweit von Memmingen und übereignete es der Universität München als Schenkung mit Widerrufsrecht. Nach entsprechenden Renovierungen und Umbauten residierten er und seine Frau dort in den Sommermonaten als großzügige Gastgeber. In den nächsten Jahren weilten zahlreiche berühmte Persönlichkeiten, vor allem Naturwissenschaftler, aber auch Maler und Musiker in Lautrach, um zu diskutieren und auszuspannen. Lautrach war in den 1920er und 1930er Jahren eine der bedeutendsten wissenschaftlichen Begegnungsstätten in Bayern.

Anschütz-Kaempfe starb am 6. Mai 1931. Noch kurz vor seinem Tod hatte er die Übertragung der von ihm zu diesem Zweck erworbenen wertvollen Grundstücke der Reitschule am Englischen Garten an die Universität München veranlasst. Sein Grab auf dem Münchner Waldfriedhof, das von dem Münchner Bildhauer Fritz Behn gestaltet wurde, zeigt an der Stirnseite einen Kreiselkompass.

DIE STIFTUNGEN

Am 20. Dezember 1917 erteilte der letzte bayerische König Ludwig III. der „von dem Privatgelehrten Dr. phil. Anschütz-

Kaempfe in München inhaltlich Urkunde vom 17. Oktober l[aufenden] J[ahre]s errichteten mit einem Kapitale von 100.000 M in Wertpapieren ausgestatteten, nach Maßgabe des Stiftungsbriefes zur Förderung der physikalischen und chemischen Wissenschaft an der K. Universität München bestimmten Dr. Anschütz-Kaempfe-Stiftung" seine Genehmigung. Ein gutes Jahr später, mitten in den turbulenten ersten Monaten des Jahres 1919, erweiterte Anschütz-Kaempfe seine Stiftung für die Universität. Mit Urkunde vom 21. März 1919 und einem Kapital im Nennwert von 1.000.000 Mark wurde die *Dr. Anschütz-Kaempfe-Stiftung für Physik, Chemie und Naturwissenschaften* mit Sitz in München errichtet. Die Stiftung erhielt am 19. April 1919 die Genehmigung des Staatsministeriums für Unterricht und Kultus.

Der Betrag wurde wie folgt aufgeteilt:

1. 200.000 Mark für Zwecke des physikalischen Instituts.
2. 100.000 Mark für Zwecke des Instituts für theoretische Physik.
3. 270.000 Mark für Zwecke des chemischen Laboratoriums des Staates und davon 90.000 Mark für physikalisch-chemische Forschung. Im Falle der Errichtung eines Instituts für physikalische Chemie (was 1932 eintrat) sollte der letztgenannte Betrag diesem Institut zukommen.
4. 80.000 Mark für Zwecke des pharmazeutischen Instituts und Laboratoriums für angewandte Chemie.
5. 100.000 Mark für Zwecke der Sternwarte des Staates.
6. 100.000 Mark für Zwecke des anthropologischen Instituts.
7. 75.000 Mark für Zwecke des geologischen Instituts, falls dieses zusammen mit der Errichtung einer ordentlichen Professur als selbständiges Institut gegründet werden sollte. Wenn es nicht dazu kommen sollte, sollten die 75.000 Mark zur Begleichung der Stiftungssteuer verwandt werden; der Rest sollte dem chemischen Laboratorium zukommen.
8. 50.000 Mark für Zwecke des geographischen Seminars.
9. 25.000 Mark für Zwecke des mineralogischen Instituts.

Die Hälfte der genannten Summen konnte jeweils verbraucht werden, von der anderen Hälfte nur die jährlich anfallenden Zinsen. Die der Sternwarte, dem anthropologischen Institut und dem geographischen Seminar ausgesetzten Beträge durften unter bestimmten Voraussetzungen ganz verbraucht werden.

Die verfügbaren Mittel der Stiftung konnten „sowohl für Zwecke der Forschung wie des Unterrichts verwendet werden, so z. B. zur Anschaffung von wissenschaftlichen Sammlungen, Einrichtungsgegenständen, Apparaten, Büchern, Karten, Stoffen, zur Ermöglichung von Reisen, Excursionen und Vorträgen, zur Gewinnung und Unterhaltung von Hilfskräften, die in besonderen Fällen und nicht dauernd im Institut benötigt sind, für Zuschüsse an bereits anderweitig angestellte Hilfskräfte, sei es, daß diese zu besonderen Leistungen herangezogen werden oder daß ihre sonstige Entlohnung unzureichend ist, zur Unterstützung von wissenschaftlichen Arbeiten, die von Angehörigen der Universität München an auswärtigen Anstalten ausgeführt werden, zu Beiträgen für Drucklegung von Arbeiten". Die aus Stiftungsmitteln angeschafften Gegenstände sollten in das Eigentum der Stiftung übergehen.

Da das Vermögen der *Dr. Anschütz-Kaempfe-Stiftung* aus fünfprozentigen Deutschen Kriegsanleihen bestand, die bald einem raschen Kursverfall ausgesetzt waren, verkaufte man auf Anregung von Dr. Anschütz-Kaempfe im Februar 1922 die 1 Million Kriegsanleihen für 771.000 Mark und erwarb im Gegenzug 1 Million Vorzugsaktien der *Rhein-Main-Donau AG* für 1.030.000 Mark. Der Stifter hatte sich bereit erklärt, den durch den Verkauf entstehenden Verlust auszugleichen sowie das Kapital derjenigen Institute, die bereits einen Teil ihres Kapitalanteils verbraucht hatten, wieder auf den früheren Betrag aufzufüllen. Die Stiftung schuldete dem Universitätsfonds Kapitalvorschüsse in Höhe von 135.926 Mark, die dieser dem Institut für theoretische Physik und anderen in der Stiftungssatzung begünstigten Instituten ausgezahlt hatte. Die damit bestehenden Schulden der Stiftung in Höhe von 400.724 Mark stellte nun Dr. Anschütz-Kaempfe der Stiftung aus seinem Vermögen zur Verfügung.

Wegen des drastischen Währungsverfalls wurde im Juni 1923 die Bestimmung, wonach die Hälfte des gestifteten Kapitals erhalten bleiben soll, aufgehoben. Das ermöglichte den beteiligten Instituten, das in Wertpapieren angelegte Stiftungsvermögen, also die Vorzugsaktien der *Rhein-Main-Donau AG*, aufzubrauchen. Wie weit das geschehen ist, lässt sich nicht mehr nachvollziehen. Nach der Inflation besaß die Stiftung praktisch kein Vermögen mehr, bestand aber über den Tod des Stifters hinaus als selbständige und rechtsfähige Stiftung weiter.

DER ERWERB DER REITSCHULE DURCH DIE UNIVERSITÄT 1932

Nur in mittelbarem rechtlichen Zusammenhang mit der Stiftung stand eine weitere Zuwendung, die nach dem Tod des Stifters der Universität zugute kam, nämlich die Übertragung der Reitschule am Englischen Garten. Eigentümerin der Reitschule war die *Bayerische Reitschul AG*, deren Aktienmehrheit sich im Besitz von Anschütz-Kaempfe befand. Im Januar 1932 wurde zwischen der Aktiengesellschaft und der Universität die noch von Dr. Anschütz-Kaempfe vorbereitete Übertragung an die Universität durchgeführt. Die Universität erhielt das Haus Nr. 34 an der Königinstraße mit Wohnungen, Büro, Gaststätte, Terrasse, Stallungen, Sommerreithalle, Hofraum, Garten und Parkanlage am Schwabinger Bach. Die Universität musste sich verpflichten, die Grundstücke und Anlagen „zu Zwecken

Ansicht der 1931 durch Anschütz-Kaempfe der LMU vermachten Universitätsreitschule am Englischen Garten, Zustand nach dem Wiederaufbau in den 1950er Jahren.

der Erziehung und des Unterrichtes in den Problemen der Leibesübungen, zur Förderung der öffentlichen Gesundheitspflege unter Betonung der Reitübungen" zur Verfügung zu stellen.

In einem Brief vom 23. Januar 1932 legte Frau Anschütz-Kaempfe fest, dass beim Betrieb der Reitschule, der in Zukunft von einer GmbH getragen werden sollte, bei der Behandlung der Reitkunden auf „vollkommen paritätische Behandlung" zu achten sei; die GmbH sollte „gegen etwaige Störenfriede aus politischen, konfessionellen oder Rassen-Gesichtspunkten alles tun, um Umtrieben von solcher Seite wirksam zu begegnen". Falls die Grundstücke und Anlagen nach Beschluss der Universität einmal nicht mehr den genannten Zwecken zu dienen imstande seien, waren die Zinsen oder der Verkaufserlös zur Förderung wissenschaftlicher Ziele der Philosophischen Fakultät II. Sektion, Naturwissenschaften, zu verwenden. Dr. Anschütz-Kaempfe hatte zudem Mittel zur Verfügung gestellt, um den lastenfreien Übergang des Grundstücks zu ermöglichen. Die Witwe des Stifters hatte das Recht, im Falle einer Verschlechterung ihrer Vermögensverhältnisse von dem Vertrag zurückzutreten. Von diesem Recht, das nicht vererbbar war, hat sie später, im Unterschied zur Schenkung des Schlosses Lautrach, keinen Gebrauch gemacht.

DIE WIEDERBELEBUNG DER DR. ANSCHÜTZ-KAEMPFE-STIFTUNG 1943

Am 16. November 1937 stellte Wolfgang Otto, der Geschäftsführer der Firma *Anschütz & Co GmbH* und Ehemann von Reta Otto, der Witwe des Stifters, der *Dr. Anschütz-Kaempfe-Stiftung* 10.000 Reichsmark zur Verfügung. Eine Neubelebung der Stiftung war damit nicht verbunden. Aufgabe der vermögenslosen Stiftung war in diesem Fall lediglich die Verteilung des Geldes an die bedachten Institutionen. Die Firma Anschütz wollte damit „ihren Dank für Belehrungen und wertvolle Anregungen zum Ausdruck bringen, die ihr durch Herren der Naturwissenschaftlichen Fakultät zu Teil geworden sind". Der Betrag wurde zu je 2.500 Reichsmark dem Institut für allgemeine und angewandte Geologie, dem Physikalischen Seminar, dem Lehr- und Forschungsinstitut für Meteorologie und dem Anthropologischen Institut übertragen.

Zu einer Neuorganisation der Stiftung bzw. zur Gründung einer neuen Stiftung neben der 1919 eingerichteten Stiftung kam es im Jahr 1943, als die Firma *Carl Zeiss* in Jena und Wolfgang Otto, die Mitgesellschafter der Firma *Anschütz & Co GmbH* in Kiel, der Universität München zur „Förderung von Wissenschaft und Forschung auf dem Gebiet der Mathematik und der Naturwissenschaften" einen Betrag von 500.000 Reichsmark zur Verfügung stellten. Schon mit Schreiben vom 6. Mai 1941 hatten die Firma Anschütz und deren Gesellschafter der Stiftung einen Betrag über 100.000 Reichsmark zugesagt. Der nunmehrige Gesamtbetrag von 500.000 Reichsmark sollte der bestehenden Stiftung einverleibt werden, deren Stiftungsvermögen nur noch aus einem Pfandbrief der Bayerischen Landwirtschaftsbank im Nennwert von 1.000 Reichsmark und einem Barbestand aus Zinserträgen in Höhe von 100 Reichsmark bestand. Bei dieser Gelegenheit wurde eine neue Stiftungssatzung beschlossen, die das Bayerische Staatsministerium für Unterricht und Kultus am 15. Juni 1943 genehmigte. Die Stiftung erhielt nun den Namen *Dr. Hermann Anschütz-Kaempfe-Stiftung*. Stiftungszweck war die Förderung der Mathematik und Naturwissenschaften, wobei neben der Mathematik besonders Physik, Chemie, Biologie, Pharmazie, Astronomie, Anthropologie, Geologie, Mineralogie und Geographie berücksichtigt werden sollten. Mitglied des Kuratoriums waren die Witwe Reta Otto, Professor Dr. Joos als Mitglied der Geschäftsleitung der Firma *Carl Zeiss* und Professor Dr. Friedrich von Faber als Vertreter des Lehrkörpers der Universität. Grundsätzlich sollten nur die Zinserträge zur Verfügung stehen, doch konnte das Kuratorium „zur Förderung umfangreicher Forschungsvorhaben von besonderer Bedeutung, für welche die verfügbaren Erträge nicht ausreichen", auch aus dem Vermögensstock der Stiftung Mittel entnehmen. Die Gelder durften nur für bestimmte Zwecke verwendet werden, die im Haushalt der Universität nicht vorgesehen waren bzw. für die dieser nicht ausreichte. Zudem konnten nur solche Vorhaben gefördert werden, die „ausschließlich der Erweiterung der mathematischen und naturwissenschaftlichen Erkenntnisse durch Förderung von Forschung und Unterricht dienen. Der Vergangenheit gewidmete Arbeiten über geschichtliche Aufgaben oder die Werke klassischer Wissenschaftler und deren

Neuausgabe sind von der Förderung durch die Stiftung ausgeschlossen."

Das Stiftungsvermögen blieb zunächst in Kiel und wurde als Darlehen an die Firma Anschütz verzinst. 1944 standen der Universität etwa 16.000 Reichsmark zur Verfügung. Am 12. April 1944 beschloss das Kuratorium eine eigene Geschäftsordnung. Weitere Aktivitäten verhinderten die Kriegsereignisse. Bei Kriegsende lag das Kapital von 500.000 Reichsmark noch immer im Anschütz-Werk in Kiel. In München waren im März 1945 aus den Erträgnissen noch 35.600 Reichsmark vorhanden. Dieser Betrag wurde im April 1946 auf mehrere Universitätsinstitute verteilt. Das Physikalisch-Chemische Institut und das Chemische Universitätslaboratorium erhielten jeweils 12.100 Reichsmark. Ende 1946 sollte das in Kiel liegende Kapital nach München transferiert werden, wobei ein Teil des Betrags in Form von optischen Erzeugnissen und Geräten der Firma *Carl Zeiss* in Jena geleistet werden sollte, die dringend in den zerstörten Münchner Universitätsinstituten gebraucht wurden. Doch im Oktober 1946 teilte die Firma *Carl Zeiss* mit, die sowjetische Militäradministration habe die Demontage des Werkes angeordnet, so dass keine Lieferzusage gemacht werden könne. Es ist anzunehmen, dass die Lieferung nie erfolgte. Nach der Währungsreform von 1948 besaß die Stiftung nur noch 10.900 DM (Stand 1949), doch besserte sich ihre Lage durch die Übertragung anderer Stiftungen etwas. Bis heute werden aus ihren Erträgen bescheidene Mittel für die Förderung der Mathematik und der Naturwissenschaften ausgeschüttet.

Im Gegensatz dazu wurde die *Dr. Anschütz-Kaempfe-Stiftung* zur Förderung der physikalischen und chemischen Wissenschaften von 1919 im Jahr 1959 aufgehoben. Das verbliebene Barvermögen in Höhe von 500 DM erhielt das Physikalisch-Chemische Institut.

ANSCHÜTZ-KAEMPFE UND DIE SCHENKUNG VON SCHLOSS LAUTRACH

Im November 1921 teilte Dr. Anschütz-Kaempfe dem damaligen Rektor Professor Erich von Drygalski mit, dass er die Absicht habe, Schloss Lautrach bei Memmingen mit einem Grundbesitz von etwa 18 Hektar zu erwerben. Da er und seine Frau gerne nach seinem Tod das Schloss der Philosophischen Fakultät übereignen würden, schlug er der Universität vor, sich schon jetzt als Eigentümerin eintragen zu lassen. Die Kosten für den Erwerb und Unterhalt würde selbstverständlich der Stifter tragen. Sowohl die Universität als auch der Stifter sollten das Recht haben, von dieser Schenkung zurückzutreten, insbesondere wenn sich die finanziellen Verhältnisse von Dr. Anschütz-Kaempfe oder seiner Witwe so gestalten würden, dass der Unterhalt des Schlosses nicht mehr zu gewährleisten sei. Das Ministerium signalisierte am 28. November 1921

Schloss Lautrach an der Iller nach seiner Erwerbung durch Anschütz-Kaempfe im Jahr 1921, südliche Schlossfassade mit Park.

sein Einverständnis, und der Senat der Universität stimmte am 7. Dezember 1921 dem Erwerb des Schlosses zu. Der Kaufpreis betrug 600.000 Mark, von denen 350.000 Mark durch eine auf dem Schloss liegende Hypothek gedeckt wurde. Der Rest von 250.000 Mark wurde der Universität von Anschütz-Kaempfe bereitgestellt. Dieser Betrag sollte später der Universität in Form eines Legats zufallen. Zur Tilgung der Zinsen wurden die Einnahmen aus der Verpachtung des Schlossgrundstücks und aus der Miete bestimmt. Mieter des Schlosses wurde zunächst Dr. Anschütz-Kaempfe selbst.

Die Geschichte des Lautracher Schlosses geht weit ins Mittelalter zurück. Damals diente es den Fürstäbten von Kempten als Jagdschloss und Verwaltungssitz. Als das Schloss, das 1737 durch Fürstabt Reichlin von Meldegg neu erbaut worden war – das heute so genannte *Alte Schloss* – im Jahr 1780 abbrannte, ließ der damalige Kemptener Fürstabt Freiherr Honorius Roth von Schreckenstein innerhalb von drei Jahren das heutige *Neue Schloss* erbauen. Es wurde bereits 1784 fertiggestellt und besteht aus drei Geschossen mit einem Mansardendach und einem giebelgekrönten Mittelrisalit. Es wurde im Stil der Zeit mit Rokokostukkaturen versehen, die in einigen Räumen und im großzügig gestalteten Treppenhaus noch erhalten sind. 1803 fiel das Fürststift Kempten und damit auch das Schloss Lautrach als Folge des Reichsdeputationshauptschlusses an Bayern. Das Schlossgut wurde an Privatleute verkauft. 1825 erhielt das Schloss nach der Mode der Zeit einen heute noch erhaltenen kleinen zweigeschossigen Theatersaal. 1839 wurde es für 17.500 Gulden an den katholischen Priester Josef Deybach verkauft, der in Lautrach eine vorbildliche und sehr erfolgreiche Erziehungsanstalt für Jugendliche einrichtete, die nach seinem Ausscheiden als „Handelsinstitut" weitergeführt wurde und um 1871 139 Schüler aus acht Nationen beherbergte. 1888 wurde das Institut geschlossen; ein

Jahr später wurde im *Alten Schloss* ein Heim für Behinderte eingerichtet. Dieses so genannte *Schutzengelheim* ist bis heute in Lautrach beheimatet und wird von der *Regens-Wagner-Stiftung* getragen. In der Folgezeit wechselte das Schloss mehrfach den Besitzer, bis es 1921 auf Anregung und mit Hilfe von Dr. Hermann Anschütz-Kaempfe von der Universität München erworben wurde. Anschütz ließ das Schloss durch den Münchner Architekten Dr. Theodor Kollmann renovieren. Auf dem südlichen Giebel wurde ein Mosaik angebracht, das Frau Reta Anschütz-Kaempfe als Athene zeigt, wie sie das Schloss der Wissenschaft darbietet. Der Stifter stattete das Schloss mit einem Teil seiner wertvollen Kunstsammlungen aus, die er als gelernter Kunsthistoriker mit viel Sachverstand zusammengetragen hatte. Auch der Park wurde umgestaltet, er erhielt ein Schwimmbad und historische Ausstattungsstücke.

Hermann Anschütz-Kaempfe mit seinem Gast Albert Einstein im Jahr 1923, mit Picknickgeschirr im Park von Schloss Lautrach aufgenommen.

Da Lautrach bereits seit 1904 einen Eisenbahnanschluss besaß, war es von München aus schnell und problemlos zu erreichen. Unmittelbar nach Fertigstellung der Renovierungsarbeiten lud Dr. Hermann Anschütz-Kaempfe im Sommer 1923 fünf bedeutende Wissenschaftler und einen Künstler als Gäste und Erholungssuchende ein. Der Bekannteste unter ihnen war sicherlich Albert Einstein, der am 16. August 1923 folgende Zeilen in das Gästebuch des Schlosses schrieb:

„Also sitz ich kummervoll
Weiss nicht, was ich klagen soll
Immer bleibt der Schlossherr heiter
Brennt die Sonn auch immer weiter
Trotz der vielen Professoren
Stirnerunzelnd, weltverloren
Die stets Weisheit von sich geben
Dass es schier nicht zu erleben
Ob salopp und wasserscheu
Oder höflich gar und scheu
Oder geistig überfüttert
Jede andre wär erschüttert
Doch der Hausfrau ohne Scheu
Ist dies alles einerlei
Füttert ihrer Lieben Schar
Und mokiert sich wunderbar
Neckt die Buben, schwimmt geschwind
Halb schon Hausfrau, halb noch Kind
Paradiesisch! O Verdruß
Dass ich schon von hinnen muss."

Vom 16. August 1923 datierender Eintrag Albert Einsteins im Gästebuch von Schloss Lautrach.

Im gleichen Sommer war auch der Physiker Arnold Sommerfeld anwesend, der mit Anschütz-Kaempfe im Bereich der Kreiselforschung zusammenarbeitete. Sommerfeld hatte mit seinem Lehrer Felix Klein ein mehrbändiges Werk über die Theorie des Kreisels veröffentlicht. Als Gründer und Leiter des Instituts für theoretische Physik gehörte Sommerfeld zu den einflussreichsten Physikern seiner Zeit. Neben Einstein und Sommerfeld fanden sich 1923 in Lautrach noch der Anthropologe Rudolf Martin, der Physiker und Nobelpreisträger Wilhelm Wien, der Biochemiker Albert Kossel, ebenfalls Nobelpreisträger, und der Maler Raoul Frank ein. Einstein und Martin wiederholten ihren Besuch noch einmal im darauffolgenden Jahr. Sommerfeld, Frank und Kossel kamen dagegen in den nächsten Jahren regelmäßig. 1924 war zum ersten Mal der Chemiker und Nobelpreisträger Richard Willstätter zu Gast. Er hat in seiner Autobiographie *Aus meinem Leben* die Atmosphäre in Lautrach stellvertretend für alle Gäste liebevoll beschrieben. 1925 weilten erstmals der Mathematiker Constantin Caratheodory und der Physiochemiker Kasimir Fajans im Schloss. 1926 konnten die Schlossbesitzer als neuen Gast den Chemiker Heinrich Wieland begrüßen, der ein Jahr später den Nobelpreis bekommen sollte. Im Jahr 1928 besuchte mit Hans Knappertsbusch erstmals ein prominenter Musiker das Schloss. 1930 findet sich der Physiker Hermann Auer und 1931 der Physiker Walter Gerlach auf der Gästeliste. Gerlach war ein enger Freund des Stifters und kümmerte sich auch nach dessen Tod im Jahr 1931 sehr um die Belange von Lautrach. 1933 kamen der Zoologe Karl von Frisch und der Mathematiker Heinrich Tietze als Neulinge nach Lautrach, im Jahr darauf weilten noch einmal wie in den besten Zeiten sechs Gäste dort, dann wurden es stetig weniger. Als großzügige, tatkräftige und beliebte Gastgeberin in Lautrach fungierte auch nach dem Tod des Stifters dessen Witwe Reta Anschütz-Kaempfe, die im Dezember 1934 Wolfgang Otto, den Geschäftsführer der Firma Anschütz in Kiel, heiratete.

Als die Schatten des Krieges aufzogen, ging es auch mit den Professorenbegegnungen in Lautrach zu Ende. 1939 trafen sich zum letzten Mal Wissenschaftler der Münchner Universität in Lautrach. Nach dem Krieg, am 1. Januar 1946, wurde das Schloss für Flüchtlingszwecke beschlagnahmt. Es diente fortan als Unterkunft für Flüchtlinge und als Altersheim des Roten Kreuzes. Alle Bemühungen, aus dem Schloss wieder ein Erholungszentrum und eine Begegnungsstätte für Professoren zu machen, scheiterten.

Nachdem die Witwe des Stifters, Reta Otto, nach dem Krieg weder den Unterhalt noch die Kosten für die Renovierung des Schlosses aufbringen konnte, traten diejenigen Bestimmungen des Vertrags von 1922 in Kraft, die eine Kündigung der Stiftung vorsahen. Tatsächlich widerrief Reta Otto, die im Juni 1961 starb, im Dezember 1958 die Schenkung ihres Mannes. Eine Umschreibung des Eigentums erfolgte zunächst nicht, da Reta Otto und nach deren Tod ihre Erben mit der Universität vereinbarten, das Schloss zu verkaufen, nachdem sich eine weitere Nutzung durch die Universität wie zu Vorkriegszeiten als undurchführbar erwiesen hatte. Man einigte sich darauf, dass die Universität ein Drittel des Verkaufserlöses erhalten sollte. Der Versuch, amerikanische Universitäten als Käufer zu gewinnen, um so die alten Traditionen in neuer Form fortsetzen zu können, scheiterte. 1966 wurde Schloss Lautrach schließlich an die in Lautrach ansässige *Regens-Wagner-Stiftung* verkauft. Vom Verkaufserlös erhielt die Universität 203.334 DM, die in Wertpapieren angelegt und selbständig verwaltet wurden. Die Erträgnisse sollten je zur Hälfte der Philosophischen und der Naturwissenschaftlichen Fakultät zur Verfügung stehen.

Die *Regens-Wagner-Stiftung* verkaufte Schloss Lautrach 1989 an den *Kolping-Dienstleistungsverein e.V.* im Erbbaurecht zur Errichtung eines Fortbildungszentrums. Das 1993 eröffnete *Management Centrum Schloss Lautrach* wird heute vom *Kolping-Bildungswerk in der Diözese Augsburg e. V.* und der IHK Schwaben betrieben. Es setzt in würdiger Form die Traditionen der alten, von Dr. Hermann Anschütz-Kaempfe begründeten Begegnungsstätte der Universität München fort.

Der Geologe und Paläontologe August Rothpletz (1853–1918) sorgte mit seiner Stiftung dafür, dass ein eigener Lehrstuhl für Paläontologie an der LMU eingerichtet werden konnte.

10. Professorinnen, Professoren und Unternehmer fördern die Universität

EIN LEHRSTUHL FÜR PALÄONTOLOGIE

Zu den selbstverständlichen Anliegen der Stifter gehört neben der Förderung der Universität im Allgemeinen oder bedürftiger Studenten im Besonderen nicht zuletzt auch die Förderung bestimmter Wissenschaftszweige. Selten, aber dafür umso bedeutsamer sind die Fälle, in denen Stiftungen erst die Etablierung gewisser Forschungsbereiche an der Universität ermöglichen. So ist der Stiftung des Professors für Geologie Dr. August Rothpletz die Einrichtung eines eigenen Lehrstuhls für Paläontologie an der Münchner Universität zu verdanken. Rothpletz, geboren 1853 im pfälzischen Neustadt an der Haardt, studierte in Heidelberg, Leipzig und Zürich und wurde 1884 in München in den Fächern Geologie und Paläontologie habilitiert. 1895 wurde er außerordentlicher Professor in München, später als Nachfolger Karl Alfred von Zittels zum ordentlichen Professor und zum Konservator der geologischen und paläontologischen Sammlungen ernannt. Sein Arbeitsschwerpunkt lag in der Erforschung der Geologie, insbesondere der Tektonik der Alpen, und auf paläontologischem Gebiet, wo er sich vor allem mit Wirbellosen beschäftigte. 1899 wurde er außerordentliches, 1904 ordentliches Mitglied der Bayerischen Akademie der Wissenschaften. Rothpletz starb 1918. Er stiftete testamentarisch 140.000 Mark für die Teilung des Ordinariats für Geologie und Paläontologie. Die Erträgnisse wurden seit 1920 zur Bestreitung der Professur für Paläontologie und historische Geologie verwendet. Da die Zinsen des Rothpletzschen Vermächtnisses allerdings nicht zur Aufbringung eines vollen Gehalts eines Universitätsprofessors ausreichten, wurden vom Ministerium zusätzliche Mittel in den Haushalt eingestellt und vom Landtag genehmigt. Das Ministerium definierte den Lehrauftrag der beiden Professuren mit „Paläontologie und historische Geologie" und „Allgemeine und angewandte

Geologie". Der erstgenannten Professur wurde die Leitung der paläontologischen Staatssammlung unterstellt, die nun den Titel *Staatliche Sammlung für Paläontologie und historische Geologie* erhielt, während letzterer die Leitung der geologischen Staatssammlung oblag, die fortan als *Staatliche Sammlung für allgemeine und angewandte Geologie* bezeichnet wurde.

DIE JAPANSPENDE FÜR DIE MEDIZINISCHEN FAKULTÄTEN

Nach dem Ersten Weltkrieg ging es mit dem Stiftungsvermögen der Universität steil bergab. Auch die staatlichen Unterstützungen begannen zu versiegen. Die Notlage der deutschen Universitäten bot den Anlass für Stiftungen aus dem Ausland. Im Juni 1921 übergab einer der bekanntesten Mediziner Japans, Professor Irisawa von der kaiserlichen Universität Tokio, dem deutschen Botschafter einen Scheck in Höhe von 490.000 Mark. Das Geld sollte der medizinischen Wissenschaft in Deutschland zugute kommen und resultierte aus einer Sammlung unter japanischen Ärzten, die in Deutschland studiert hatten. Besonders stark hatten sich die Professoren Tashiro und Yamaya für die Hilfsaktion eingesetzt. Der Betrag sollte unter die medizinischen Fakultäten von 22 deutschen Universitäten verteilt werden, wobei die Höhe der Zuwendung – mindestens 10.000 Mark pro Universität – davon abhing, wie viele der Stifter die jeweilige Universität besucht hatten. Auf die Universität München entfielen dabei 40.000 Mark, der zweithöchste Betrag nach Berlin, wohin 80.000 Mark flossen. Die Medizinische Fakultät der Universität München beschloss jedoch, die Zuwendung abzulehnen, was im Reichsinnenministerium zu beträchtlicher Verstimmung führte. Eine Begründung für die Ablehnung findet sich nicht in den Akten. Das Bayerische Staatsministerium für Unterricht und Kultus weigerte sich, auf die Fakultät Druck auszuüben und verteilte die für München vorgesehenen Gelder auf Erlangen und Würzburg.

Weniger empfindlich reagierten die Forstwissenschaftler, die den auf Bayern fallenden Anteil einer Spende von zwölf japanischen Forstvereinen zugunsten der deutschen Forstwirtschaft bzw. des Forstwirtschaftlichen Instituts an der Universität akzeptierten. Das hing u. a. mit den guten Beziehungen zwischen dem Inhaber des Lehrstuhls für Forstwirtschaft in München, Professor Max Endres, und seinen japanischen Kollegen, insbesondere den Professoren Koide und Shishido von der Universität Sapporo auf Hokkaido, zusammen.

EIN PLANTAGENBESITZER AUS BAYERN FÖRDERT DIE KREBSFORSCHUNG

Den völligen Zusammenbruch des Stiftungsvermögens der Universität wie auch anderer Anstalten, etwa der Akademie der

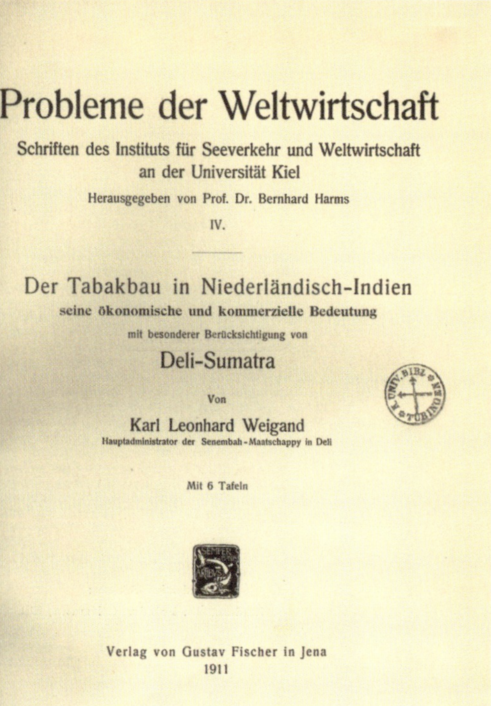

Probleme der Weltwirtschaft

Schriften des Instituts für Seeverkehr und Weltwirtschaft
an der Universität Kiel

Herausgegeben von Prof. Dr. Bernhard Harms

IV.

Der Tabakbau in Niederländisch-Indien

seine ökonomische und kommerzielle Bedeutung

mit besonderer Berücksichtigung von

Deli-Sumatra

Von

Karl Leonhard Weigand

Hauptadministrator der Senembah-Maatschappy in Deli

Mit 6 Tafeln

Verlag von Gustav Fischer in Jena

1911

lblatt einer Studie des Stifters Karl Leonhard igand (1866–1938) über den „Tabakbau in derländisch-Indien. Seine ökonomische und kom- rzielle Bedeutung mit besonderer Berücksichti- g von Deli-Sumatra", erschienen 1911 in Jena.

Wissenschaften, brachte die Inflation im Jahr 1923. Von diesem Schlag haben sich das Stiftungsvermögen und auch das Vertrauen eventueller Stifter in die „Ewigkeit" der Stiftungen bis heute nicht erholt. Es sollte Jahre dauern, bis sich wieder ein Stifter fand, der sein Geld als Wohltäter der Wissenschaft anlegte.

Am 25. November 1927 erschienen in Dresden der Konsul a.D. Karl Leonhard Weigand aus Herrsching und seine Ehefrau Marie Sophie Pauline, geborene Schaff, vor einem Notar und errichteten ein gemeinschaftliches Testament. Darin setzten sie sich gegenseitig zu Erben ein. Nach dem Tod des Letztverstorbenen sollte das mit 350.000 Reichsmark veranschlagte Vermögen an die Ludwig-Maximilians-Universität in München fallen. Diese wurde verpflichtet, verschiedene Vermächtnisse auszuzahlen, insbesondere Renten. Die Erträgnisse sollten „für wissenschaftliche Forschungszwecke auf dem Gebiet der Krebs- und Tuberkuloseforschung" verwendet werden. 1931 bestimmte das Ehepaar in einem Testamentsnachtrag, dass drei in ihrem Besitz befindliche Gemälde, nämlich Porträts der Familie Walter von Graff, an die Dresdner Galerie fallen sollten. Nachdem Karl Leonhard Weigand 1938 gestorben war, verfasste Maria Weigand am 6. Januar 1942 (ergänzt am 16. Februar 1944) noch ihre „letzten Wünsche", die auf eine bemerkenswerte Persönlichkeit schließen lassen: „Hiermit bestimme ich, daß ich verbrannt sein will und zwar ohne jede Feierlichkeit. Ein Geistlicher oder irgend welches N.S.-Zeichen (irgend jemand im Braunhemd oder dgl.) darf unter keinen Umständen bei der Zeremonie zugegen sein."

Karl Leonhard Weigand wurde am 15. April 1866 in Ettal geboren und hatte seinen Wohnsitz in Herrsching am Ammersee. Als Gutsverwalter und Tabakplantagenbesitzer (Hauptadministrator und Plantagendirektor in Tondjong Morava auf Sumatra) in Indonesien zu Geld gekommen, lebte er nach seiner Rückkehr nach Deutschland als niederländischer Konsul in Dresden, um Anfang der 1920er Jahre wieder nach

Therese von Bayern (1850–1925), Tochter des Prinzregenten Luitpold, zeichnete sich als leidenschaftliche Forscherin und Sammlerin aus. Sie erhielt 1897 als erste Frau die Ehrendoktorwürde der Universität München.

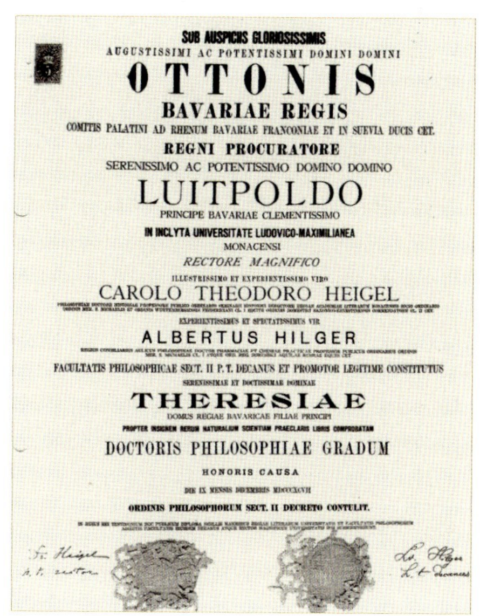

SUB AUSPICIIS GLORIOSISSIMIS
AUGUSTISSIMI AC POTENTISSIMI DOMINI DOMINI
OTTONIS
BAVARIAE REGIS
COMITIS PALATINI AD RHENUM BAVARIAE FRANCONIAE ET IN SUEVIA DUCIS CET.
REGNI PROCURATORE
SERENISSIMO AC POTENTISSIMO DOMINO DOMINO
LUITPOLDO
PRINCIPE BAVARIAE CLEMENTISSIMO
IN INCLYTA UNIVERSITATE LUDOVICO-MAXIMILIANEA
MONACENSI
RECTORE MAGNIFICO
ILLUSTRISSIMO ET EXPERIENTISSIMO VIRO
CAROLO THEODORO HEIGEL
EXPERIENTISSIMUS ET SPECTATISSIMUS VIR
ALBERTUS HILGER
FACULTATIS PHILOSOPHICAE SECT. II P. T. DECANUS ET PROMOTOR LEGITIME CONSTITUTUS
SERENISSIMAE ET DOCTISSIMAE DOMINAE
THERESIAE
DOMUS REGIAE BAVARICAE FILIAE PRINCIPI
PROPTER INSIGNEM RERUM NATURALIUM SCIENTIAM PRAECLARIS LIBRIS COMPROBATAM
DOCTORIS PHILOSOPHIAE GRADUM
HONORIS CAUSA
DIE IX MENSIS DECEMBRIS MDCCCXCVII
ORDINIS PHILOSOPHORUM SECT. II DECRETO CONTULIT.

Ehrendoktorurkunde Therese von Bayerns, 1897.

Herrsching bzw. München zurückzukehren. Er starb am 4. April 1938. Nach dem Tod seiner Frau Maria Weigand am 17. April 1945 trat die Universität das nicht unbeträchtliche Erbe an. Neben Wertpapieren in Höhe von über 400.000 Reichsmark und Bargeld im Wert von 10.000 Reichsmark gehörte zum Nachlass auch ein 1936/37 erbautes Einfamilienhaus mit bedeutendem Mobiliar in München-Schwabing im damaligen Wert von 46.000 Reichsmark. Im Jahr 1946 errichtete die Universität durch Satzung eine nicht rechtsfähige Stiftung mit dem Namen *K. L. Weigand'sche Stiftung* mit Sitz in München.

ZUR ERINNERUNG AN „EIN WESEN EIGENER ART“: DIE THERESE VON BAYERN-STIFTUNG

Auch nach der Reform, die im Jahr 1960 das universitäre Stiftungswesen vereinfachen sollte, fanden sich kaum neue Stifter, die mit den Stiftern der vergangenen Jahrhunderte vergleichbar gewesen wären. Einige Stiftungen sind jedoch hervorzuheben, von denen eine Signalwirkung für künftige Stifter ausgehen könnte. Unter diesen rangiert die *Therese von Bayern-Stiftung zur Förderung von Frauen in der Wissenschaft* an vorderster Stelle.

Die Forschungsreisende, Sammlerin und Schriftstellerin Prinzessin Therese von Bayern war eine der eindrucksvollsten bayerischen Frauengestalten des 19. und frühen 20. Jahrhunderts. Als Mitglied des Königshauses besaß die Tochter des Prinzregenten Luitpold, der von 1886 bis zu seinem Tod 1912 für den regierungsunfähigen König Otto die Regentschaft führte, zwar mancherlei Privilegien, doch war es allein ihrer Energie und ihrer Leidenschaft für die Wissenschaften zuzuschreiben, dass sie in der Ethnographie, der Geographie und der Zoologie auf der wissenschaftlichen Höhe ihrer Zeit stand. Schon mit 18 Jahren hatte sie ihrem Tagebuch anvertraut: „Ich will etwas Ordentliches werden.“ Doch nicht nur ihr wissenschaftliches Engagement und ihre mutigen Forschungsreisen verdienen Anerkennung, Prinzessin Therese war auch eine bemerkenswerte Vorkämpferin für die Rechte der Frauen. Wahrscheinlich ist es ihrem Einfluss zu verdanken, dass ihr Vater, Prinzregent Luitpold, bereits 1903, also fünf Jahre vor Preußen, die Frauen zum ordentlichen Studium an bayerischen Universitäten zuließ. 1897 hatte die Prinzessin als erste Frau den Doctor honoris causa der Universität erhalten, nachdem sie bereits im Jahre 1892 zum ersten (und bis heute einzigen) weiblichen Ehrenmitglied der Bayerischen Akademie der Wissenschaften gewählt worden war.

1997, 100 Jahre nach der Ehrenpromotion von Prinzessin Therese, haben Münchner Wissenschaftlerinnen, an ihrer Spitze die damalige Frauenbeauftragte an der LMU, Dr. Hadumod Bußmann, angesichts des deutlichen Missverhältnisses zwischen dem Anteil der Frauen unter den Studierenden mit 52 Prozent und dem Anteil der weiblichen Professoren mit fünf Prozent eine nach Therese benannte Stiftung ins Leben gerufen. Die *Therese von Bayern-Stiftung zur Förderung von Frauen in der Wissenschaft* soll vor allem dazu beitragen, den im internationalen Vergleich auffallend geringen Frauenanteil bei den Habilitationen zu heben. Gerade die Habilitation als Zugangsvoraussetzung für die Hochschullaufbahn stelle die entscheidende Hürde für Wissenschaftlerinnen dar, „da sie in aller Regel in dieser Lebensphase familiäre Pflichten und berufliche Qualifizierungen miteinander in Einklang bringen müssen", so Bußmann.

Die Erträge der Stiftung, die vom ehemaligen bayerischen Königshaus besonders unterstützt wird, sollen auf drei Wegen die Förderung von Frauen in der Wissenschaft ermöglichen: durch Unterstützung der Habilitation, durch Förderung von wissenschaftlichen Projekten im Rahmen der Erforschung des Geschlechterverhältnisses *(gender studies)* und durch die alle zwei Jahre stattfindende Verleihung des *Therese von Bayern-Preises* für herausragende Leistungen junger Akademikerinnen. Der Preis soll abwechselnd Wissenschaftlerinnen aller Fakultäten der Ludwig-Maximilians-Universität zugute kommen. Er wurde erstmals am 9. Dezember 1997 verliehen.

EINE MÜNCHNER TRADITIONSFIRMA ENGAGIERT SICH: DIE LEONHARD MOLL-STIFTUNG

So beklagenswert selten es ist, dass sich Firmen mit Stiftungen zugunsten der Universität engagieren, umso erfreulicher sind die Ausnahmen: Anlässlich ihres 100-jährigen Firmenjubiläums 1994 hat die *Moll KG* mit Sitz in München unter Leitung von Dr. Hans Moll und Dipl.-Ing. Gerhard Moll eine unselbständige Stiftung mit einem Kapital von 500.000 DM errichtet, deren Zweck es ist, Stipendien und Wohnraum für Studierende aus Osteuropa bereitzustellen. Eine identische Stiftung wurde an der Technischen Universität München errichtet.

Die Firma *Moll KG* gehört zu den traditionsreichsten Münchner Unternehmen: Zahlreiche Gebäude, Straßen und Verkehrsanlagen in München sind von der Baufirma Leonhard Moll ausgeführt worden. Die wohl bekanntesten Bauten der Firma sind der Erweiterungsbau und der Lichthof der Universität München, die 1905 bzw. 1908 entstanden. Auch das Polizeipräsidium München von 1912 ist ein Werk dieser schnell aufstrebenden Firma, die besonders auf die Mechanisierung der Baustellen Wert legte und die Gewinne sofort in neue Baugeräte investierte. Ihren Aufstieg verdankt die Firma vor allem der Energie eines Mannes, des aus Mittelfranken stammenden Leonhard Moll, der am 1. Oktober 1894 sein Baugeschäft beim Stadtmagistrat der kgl. Haupt- und Residenzstadt München angemeldet hatte. Aus dem Baugeschäft entwickelte sich im

Der von dem Architekten German Bestelmeyer entworfene Lichthof der Ludwig-Maximilians-Universität. Die Bauausführung übernahm die Firma Leonhard Moll in den Jahren 1906–1909.

Leonhard Moll (1870–1945) im Jahr seiner Firmengründung 1894 auf einer seiner täglichen Baustellenrundfahrten.

Laufe von hundert Jahren ein international tätiges Bau- und Immobilienunternehmen. Nach dem Zweiten Weltkrieg war die Firma wesentlich am Wiederaufbau Münchens beteiligt. Die Maxburg wurde ebenso von Moll gebaut wie später Teile des U-Bahn-Netzes. Bald griff die Firma mit Niederlassungen in der ganzen Welt weit über Deutschland hinaus. 1994 entschlossen sich die Familiengesellschafter der *Moll KG* dazu, das Jubiläum ihres Unternehmens in einer besonderen Weise zu feiern. Angesichts der politischen Veränderungen der vergangenen Jahre im

Osten Europas wollten sie einen Beitrag zur Förderung des akademischen Nachwuchses in Osteuropa, insbesondere in Polen und der Tschechischen Republik, leisten.

Im Einzelnen ist als Stiftungszweck für den Bereich der Ludwig-Maximilians-Universität die Vergabe von Ein-Jahresstipendien an Studierende aus Osteuropa, insbesondere der Universitäten Breslau und Prag, vorgesehen, die an der Juristischen Fakultät, der Fakultät für Betriebswirtschaft oder der Fakultät für Geschichts- und Kunstwissenschaften der Münchner Universität zu studieren beabsichtigen (Stand 2009). Die Stipendiaten müssen mindestens vier Fachsemester abgeschlossen haben und ausreichende Deutschkenntnisse nachweisen. Das monatliche Stipendium beträgt derzeit 410 Euro. Darüber hinaus werden den Stipendiaten für die Dauer ihres Aufenthalts die Kosten für die Krankenversicherung und für einen Wohnheimplatz in einem Münchner Studentenheim erstattet. In den Semesterferien stellt ihnen die Leonhard Moll-Gruppe für drei Monate eine Praktikantenstelle zur Verfügung.

DIE STIFTUNG VON PROFESSOR HEINZ LAUFER FÜR POLITISCHE WISSENSCHAFTEN

Der aus Würzburg stammende Heinz Laufer, ein Schüler des legendären Vaters der Münchner Politikwissenschaft, Eric Voegelin, hat sich vor allem um das Geschwister-Scholl-Institut für Politische Wissenschaften größte Verdienste erworben. Bereits seit Frühjahr 1959 war er an dieser Einrichtung tätig, die damals Institut für Politische Wissenschaften hieß. 1967 wurde er habilitiert und bald darauf zum Professor an der Staatswirtschaftlichen Fakultät der Universität München ernannt. Sein wissenschaftliches Interesse galt vor allem der Föderalismusforschung, also der Frage nach der Aufteilung der Kompetenzen in einem Bundesstaat und der Kontrolle staatlicher Macht. Bürgernahe Politik und Bürgerbeteiligung sowie die Gewährleistung pluraler Vielfalt waren ihm besondere Anliegen. Sein Werk über *Das föderative System der Bundesrepublik Deutschland*, dessen siebte Auflage der 63-Jährige noch vor seinem Tod im Jahr 1996 bearbeitete, gehört bis heute zu den meistgelesenen Büchern seines Faches. Laufers letztes Buch *Föderalismus als Strukturprinzip für die Europäische Union* bildete die Vorstudie zu einem großen Forschungsprojekt *Europa föderal organisieren*, das von seinen Kollegen und Schülern weitergeführt wird. In zahlreichen Büchern und Aufsätzen hat sich Laufer mit den ethischen Grundlagen politischen Handelns und zuletzt vor allem auch mit den staatlichen Organisationsstrukturen und Verfahren befasst. Aufbauend auf den Steuerungsinstrumenten Recht, Geld und Kommunikation wollte er eine Systematik der Staatsaufgaben entwickeln und beschreiben. Dieses letzte Buch blieb ungeschrieben.

Der Politikwissenschaftler Heinz Laufer (1933–1996).

Besonders verdienstvoll war Laufers unermüdliches Engagement im Rahmen der universitären Selbstverwaltung. Von 1977 bis zu seinem Tod versah er das Amt eines Dekans der jungen Sozialwissenschaftlichen Fakultät. In diesen Jahren gestaltete er engagiert und streitbar die Geschicke der Universität mit. Der menschliche Umgang und das Gespräch, besonders auch mit den Studierenden, waren seiner Meinung nach auch an einer Massenuniversität die wichtigsten Mittel der Reform und bedeutsamer als eine Aufstockung des Personals und des Etats. Es ist bezeichnend für den am 30. April 1996, kurz nach seinem 63. Geburtstag, verstorbenen Heinrich Laufer, dass er noch in den letzten Tagen seines Lebens eine Stiftung für seine Universität schuf. Mit Testament vom 8. und 17. April 1996 errichtete er die *Heinz und Sybille Laufer-Stiftung für Politische Wissenschaft* als Zustiftung zum Körperschaftsvermögen der Universität. Zum Stiftungsvermögen gehörten drei Häuser in Würzburg und Ochsenfurt. Stiftungszweck ist die Förderung der Politischen Wissenschaft als Staatswissenschaft durch Vergabe von Stipendien, Forschungsaufträgen sowie Druckkostenzuschüssen für hervorragende Dissertationen und Habilitationen. Um den Erhalt der Stiftung sicherzustellen, wurden die genannten Anwesen im Februar 1999 für 1.766.000 DM verkauft. Seit 1999 konnten aus den Erträgnissen der Stiftung mehrere Promotionsstipendien vergeben werden.

Professor Dr. Heinz Laufer wurde in Benediktbeuern, in der Nähe seines letzten Wohnortes Höfen, Gemeinde Königsdorf, begraben. Die Grabstätte unweit der barocken Klosteranlage, heute Hochschule der Salesianer, wird von der Universität München betreut.

Von der LMU betreutes Grab ihres Stifters Heinz Laufer auf dem Friedhof von Benediktbeuern.

11. Stiftungen und die Universität heute

DIE ZUSAMMENLEGUNG DER STIFTUNGEN UND FONDS IM JAHR 1960

Ein bemerkenswerter Zuwachs an Stiftungsvermögen war während des „Dritten Reichs" und erst recht während des Zweiten Weltkriegs ausgeblieben. Die Währungsreform des Jahres 1948 ließ dann auch die noch bestehenden Reste an Stiftungsvermögen, die die Inflation von 1923 überstanden hatten, auf ein unbedeutendes Häuflein zusammenschmelzen. Die meisten Stiftungen konnten ihren Stiftungszweck nicht mehr erfüllen, viele existierten darüber hinaus nur noch auf dem Papier, da weder Unterlagen noch Vermögen nachweisbar waren. Schon 1951 regte daher das Bayerische Staatsministerium für Unterricht und Kultus an, einen Teil der damals bestehenden Sondervermögen von 86 Stipendienstiftungen und 19 Fonds für besondere Zwecke zu einer *Vereinigten Stipendienstiftung bei der Universität München* zusammenzulegen. Dabei sollte vor allem geprüft werden, ob sich der Wille der Stifter auch bei einer solchen vereinigten Stipendienstiftung noch berücksichtigen lasse.

Das *Bayerische Stiftungsgesetz* vom 26. November 1954 bot dann mit den Artikeln 17 und 19 (in Verbindung mit § 87 BGB) die Möglichkeit, diejenigen Stiftungen und Fonds, die auf Grund von Inflation und Währungsreform ihren Stiftungszweck nicht mehr erfüllen konnten, aufzulösen oder in eine neue Stiftung oder einen neuen Fonds einzubringen.

Auf der Grundlage eines Berichts des Verwaltungsausschusses der Universität vom 4. September 1959 genehmigte das Bayerische Staatministerium für Unterricht und Kultus am 4. März 1960 (mit Ergänzungen vom 14. November 1960) die Errichtung einer neuen rechtsfähigen öffentlichen Stiftung des bürgerlichen Rechts und eines nicht rechtsfähigen Sondervermögens (Fonds), in denen die meisten der bisherigen Stiftungen und

Fonds zusammengefasst wurden. Die *Vereinigte Stipendienstiftung der Universität München für Studierende aller Fakultäten und Konfessionen* war in Form einer rechtsfähigen Stiftung für die Vergabe von Stipendien zuständig, während die so genannten *Vereinigten Stiftungen und Fonds der Universität München für wissenschaftliche Zwecke aller Art* als nicht rechtsfähige Stiftung der Universität verwaltet wurden. Aus ihren Erträgnissen sollten die Universitätsbibliothek München und andere Institute gefördert werden, wobei man vor allem versuchte, auf den Stiftungs- bzw. Zuwendungszweck der aufgelösten bzw. untergegangenen Stiftungen und Fonds einzugehen.

Für fast 90 Stiftungen und nicht rechtsfähige Sondervermögen, die teilweise bis ins 16. Jahrhundert zurückreichten, bedeutete diese Neuordnung das Ende ihrer Eigenständigkeit. Die *Vereinigte Stipendienstiftung der Universität München für Studierende aller Fakultäten und Konfessionen* entstand aus 18 rechtlich selbständigen Stiftungen sowie aus 19 Stiftungen, deren Rechtsverhältnisse wegen des Verlusts der Stiftungsakten nicht mehr feststellbar waren. Der neuen Stiftung wurde darüber hinaus das Vermögen von 40 nicht rechtsfähigen Fonds übereignet.

Der Fonds *Vereinigte Stiftungen und Fonds der Universität München für wissenschaftliche Zwecke aller Art* wurde aus dem bisherigen Sondervermögen von 13 Stiftungen und Fonds für besondere Zwecke sowie aus dem Restvermögen von sechs Stipendienstiftungen gebildet.

Das Vermögen von fünf weiteren aufgehobenen Stiftungen kam an die *Einhundertjahresstiftung der Universität München*, darunter der *Hunger'sche Almosen- und Arbeiter-Unterstützungsfonds*, die *König Ludwig I. Stiftung* und die *Stiftung zur Förderung der Leibesübungen*.

Der nicht rechtsfähige *Katharinen-Beneficiums-Fonds* wurde aufgelöst und der Betrag der Theologischen Fakultät der Universität zur Verwendung im Rahmen des Stiftungszwecks zur Verfügung gestellt.

1961 wurde auch die zunächst noch selbständig gebliebene *Dr. Josef Landgraf'sche Stipendienstiftung* auf Wunsch des Staatsministeriums für Unterricht und Kultus aufgehoben und das Restvermögen über 21.298 DM der Stipendienstiftung überwiesen.

Da ein Teil der Stiftungen in den Satzungen die Unterstützung von Nachkommen oder Verwandten des Stifters oder auch die Pflege des Stiftergrabes vorsah, war in § 4 der Stiftungssatzung der *Vereinigten Stipendienstiftung* vom 11. Januar 1961 vorgesehen, dass Nachkommen oder Verwandte der Stifter, wenn sie würdig und bedürftig sind, Beihilfen oder Unterstützungen erhalten können. Diese Bestimmung galt für die Nachkommen folgender Stifter: Abegg, Fürstabt Landau, von Eisendorf, Dr. Franz, von Jocher, Dekan

Kayser, von Mandel, von Nagel, Oberschwender, von Tretter und Kitt. Folgende Grabstätten waren zu pflegen: von Küffner, Frohschammer, von Lamont, von Tretter und Schmidt-Temple. Die „Würdigkeit und Bedürftigkeit" des jeweiligen Familienmitglieds musste auf Veranlassung des Finanzamts in die Stiftungssatzung eingefügt werden, da eine Unterstützung Dritter ohne Rücksicht auf die Qualifikation oder Bedürftigkeit Auswirkungen auf den Status der Gemeinnützigkeit der gesamten Stiftung gehabt hätte. Für Lamont muss im katholischen Pfarramt Heilig Blut in Bogenhausen alljährlich eine Messe gelesen werden. Aus den Erträgnissen der *Vereinigten Stiftungen und Fonds* müssen die Grabstätten Max von Pettenkofers und Max von Seydels gepflegt werden.

Insgesamt stand der *Vereinigten Stipendienstiftung* der Universität im Jahr 1960 an Erträgnissen ein Gesamtbetrag von 25.009 DM (1961 11.166 DM, 1962 22.004 DM) zur Verteilung zur Verfügung. Die Erträgnisse der *Vereinigten Stiftungen und Fonds* erbrachten 1962 den Betrag von 2.200 DM (1963 3.700 DM, 1964 6.100 DM).

STIFTER SIND WILLKOMMEN – DIE ERRICHTUNG EINER STIFTUNG

Die Zahl der Stiftungsgründungen ist an der Ludwig-Maximilians-Universität München in den letzten Jahren erfreulich gestiegen. Gerade in Zeiten, in denen die staatliche Förderung in vielen Bereichen rückläufig ist, gewinnt das Stiftungswesen enorm an Bedeutung. Das Engagement Privater für öffentliche Belange schließt in den letzten Jahren vermehrt eine ansonsten entstehende Lücke in der Finanzierung unseres Gemeinwesens. Es ermöglicht zum Beispiel an der Ludwig-Maximilians-Universität ein fortdauernd hohes Niveau in Forschung und Lehre. Stiftungen haben in der Vergangenheit wesentlich dazu beigetragen, den Stand der Wissenschaft stetig weiter zu entwickeln, die Ausbildung begabter Studierender zu ermöglichen und die Lehre kontinuierlich zu verbessern. Sie sind von daher auch in Zukunft ein wichtiger Bestandteil des universitären Lebens, und dem betreffenden Stifter ist ein Ehrenplatz in der langen Reihe der „Wohltäter der Wissenschaft" gewiss.

Die Ludwig-Maximilians-Universität München ist derzeit Trägerin von 44 nicht rechtsfähigen Stiftungen und verwaltet darüber hinaus sechs selbständige Stiftungen.

Die Rechtsform „Stiftung"

Eine Stiftung ist eine rechtlich verselbständigte Vermögensmasse, die der Erfüllung eines bestimmten Zweckes gewidmet ist. Sie besitzt weder Anteilseigner noch Mitglieder, sondern mit den Stiftungsorganen „Verwalter" dieses eigenständigen Vermögens.

Im Fall der selbständigen (rechtsfähigen) Stiftung kommt dieser Vermögensmasse Rechtsfähigkeit zu, die sie im Augenblick ihrer staatlichen Anerkennung erlangt.

Davon zu unterscheiden ist die so genannte unselbständige (nicht rechtsfähige oder fiduziarische) Stiftung. Diese besitzt keine Rechtsfähigkeit, sondern stellt eine zweckgebundene Vermögenszuwendung (mittels Treuhandvertrag oder Schenkung unter Auflage) an eine bereits bestehende juristische oder natürliche Person dar. Das gestiftete Vermögen geht dabei in das Vermögen des Stiftungsträgers über, ist von diesem allerdings getrennt von den eigenen Vermögenswerten mit der Maßgabe zu verwalten, es dauerhaft zur Verwirklichung des vom Stifter bestimmten Zwecks zu verwenden. Zur Errichtung einer unselbständigen Stiftung bedarf es folglich immer eines Rechtsträgers, der die mit der Vermögenswidmung des Stifters verbundenen Rechte und Pflichten wahrnimmt. Unselbständige Stiftungen unterliegen nicht der Stiftungsaufsicht, d. h. sie brauchen nicht die staatliche Anerkennung für ihre Errichtung, sondern entstehen aufgrund eines Vertrags zwischen Stifter und Stiftungsträger oder durch Erbanfall unter der Auflage, dass der Erbe mit dem Vermögen eine unselbständige Stiftung mit einem festgelegten Zweck zu gründen hat. Die Regelungen des *Bürgerlichen Gesetzbuchs* über selbständige Stiftungen (§§ 80 ff. BGB) finden deshalb hier auch keine Anwendung. Die rechtliche Behandlung richtet sich vielmehr nach den allgemeinen Grundsätzen des Schuld-, Sachen- und Erbrechts.

Aufgrund ihrer unkomplizierten Errichtung und kostengünstigen Verwaltung bietet sich die unselbständige Stiftung vor allem für kleinere Stiftungsvermögen an. Selbständige Stiftungen hingegen bedürfen abhängig von ihrer Größe eines gewissen Verwaltungsapparats und unterliegen strengeren Anforderungen bei ihrer Errichtung.

Die Errichtung einer rechtsfähigen Stiftung

Eine rechtsfähige Stiftung des bürgerlichen Rechts entsteht durch das Stiftungsgeschäft und die staatliche Anerkennung. Das Stiftungsgeschäft ist eine einseitige, nicht empfangsbedürftige Willenserklärung des Stifters, eine rechtsfähige Stiftung errichten und hierzu das von ihm eingebrachte Vermögen einem bestimmten Zweck widmen zu wollen (§ 81 Abs. 1 Satz 2 BGB). Das Stiftungsgeschäft bedarf der Schriftform (§ 81 Abs. 1 Satz 1 BGB). Die Urkunde muss vom Stifter eigenhändig unterschrieben werden. Eine notarielle Beurkundung ist möglich, gesetzlich aber nicht vorgeschrieben.

Durch das Stiftungsgeschäft muss die Stiftung eine Satzung erhalten (§ 81 Abs. 1 Satz 3 BGB). Darin regelt der Stifter die Einzelheiten der Verwirklichung des Stiftungszwecks und der Organisation der Stiftung. Die Satzung muss deshalb

Bestimmungen über Namen, Sitz, Zweck, Vermögen und den Stiftungsvorstand enthalten. In diesen Regelungen spiegelt sich im Wesentlichen der Stifterwille wider, der von zentraler Bedeutung bei der Anwendung der stiftungsrechtlichen Vorschriften ist. Daneben kann der Stifterwille auch separat im Stiftungsgeschäft oder in der Präambel der Satzung erläuternd niedergelegt werden.

Eine Stiftung erlangt Rechtsfähigkeit mit ihrer Anerkennung durch die Stiftungsbehörde. Dies ist bei Stiftungen mit Sitz in München die Regierung von Oberbayern. Auf die Anerkennung besteht gemäß § 80 Abs. 2 BGB ein Anspruch, soweit die Stiftung die aufgeführten formalen Anforderungen des § 81 Abs. 1 BGB erfüllt, die dauernde und nachhaltige Erfüllung des Stiftungszwecks gesichert ist und dieser nicht das Gemeinwohl gefährdet oder rechtswidrig ist.

Das Stiftungsgeschäft kann nach der Anerkennung – im Gegensatz zur Stiftungssatzung – nicht mehr geändert werden. Der Stifterwille ist also für alle Zeiten festgelegt und von den Stiftungsorganen und den staatlichen Aufsichtsbehörden als oberste Richtschnur zu beachten. Dies betrifft vorrangig den Zweck der Stiftung, der das gesamte Wirken der Stiftung dominiert. Hinsichtlich des Stiftungszwecks gilt der Grundsatz der Stifterfreiheit. Danach sind Stiftungen zur Förderung jedes vom Stifter gewünschten Zwecks zulässig, solange sie nicht rechtswidrig sind oder das Gemeinwohl gefährden.

Neben einer solchen Stiftungserrichtung unter Lebenden kann eine Stiftung auch durch Testament oder Erbvertrag errichtet werden. Eine solche Stiftung „von Todes wegen" wird Erbe oder Vermächtnisnehmer des Stifters. Im Übrigen gelten für sie die gleichen Grundsätze wie für eine Stiftung unter Lebenden.

Das Stiftungsvermögen

Voraussetzung für die Arbeitsfähigkeit einer Stiftung – und bei rechtsfähigen Stiftungen auch für ihre Anerkennung durch die Stiftungsaufsicht – ist die zur nachhaltigen und dauerhaften Förderung des Stiftungszwecks ausreichende Ausstattung mit finanziellen Mitteln.

Die Stiftungsbehörden setzen bei der Anerkennung zumeist ein Stiftungsvermögen von mindestens 50.000 € voraus, wobei nur die Vermögensteile einzurechnen sind, die auch Erträge erwirtschaften. Das genannte Mindestkapital stellt jedoch nur eine Orientierungsgröße dar, die Prüfung ist einzelfallbezogen und hängt vor allem von den satzungsmäßigen Aufgaben der Stiftung ab.

Das Stiftungsvermögen besteht aus dem so genannten Grundstockvermögen und weiteren Vermögensteilen. Das Grundstockvermögen der Stiftung muss auf Dauer erhalten bleiben. Es ist Grundlage für Existenz und Tätigwerden jeder Stiftung. Die Pflicht zur Erhaltung des Grundstockvermögens bedeutet, dass es als tragende Säule der Stiftung ungeschmälert zu erhalten ist und nicht verbraucht werden darf.

Zur Erfüllung des Stiftungszwecks werden damit grundsätzlich nur die Erträge des Stiftungsvermögens verwendet. Maßgeblich ist, ob diese Erträge ausreichen, um den Stiftungszweck dauerhaft und nachhaltig zu erfüllen.

Eine Ausnahme stellt hier die so genannte Verbrauchsstiftung dar. Sie ist nicht auf Dauer konzipiert, sondern dient nur der Verwirklichung eines zeitlich begrenzten Zwecks, zu dessen Erfüllung das Stiftungsvermögen aufgebraucht werden darf.

Die Steuerbegünstigung einer Stiftung

Sowohl rechtsfähige als auch nicht rechtsfähige Stiftungen sind grundsätzlich ertragsteuerpflichtig. Die weitaus meisten Stiftungen sind jedoch steuerbegünstigt, weil sie ausschließlich und unmittelbar gemeinnützige, mildtätige oder kirchliche Zwecke verfolgen (§§ 51 ff. AO).

Ausschließlichkeit in der Zweckverfolgung liegt vor, wenn eine Körperschaft nur ihre steuerbegünstigten satzungsmäßigen Zwecke verfolgt.

Unmittelbar erfolgt dies, wenn die Zwecke durch die Stiftung selbst gefördert werden. Darüber hinaus muss die Förderung eines steuerbegünstigten Zwecks selbstlos sein, d. h. es dürfen nicht in erster Linie eigenwirtschaftliche Zwecke verfolgt werden.

Inhaltlich sind die steuerbegünstigten Zwecke in den Paragrafen 52 bis 54 AO geregelt. Gemeinnützige Zwecksetzung liegt bei einer Förderung der Allgemeinheit vor. Hierzu wurde der bislang bestehende Zweckkatalog mit dem „Gesetz zur weiteren Stärkung des bürgerschaftlichen Engagements" vom 10. Oktober 2007 noch erweitert (§ 52 Abs. 1 und 2 AO). Mildtätige Zwecke verfolgt die Stiftung, wenn ihre Tätigkeit darauf gerichtet ist, bestimmte bedürftige Personen zu unterstützen (§ 53 AO). Kirchliche Zwecke schließlich bestehen bei Förderung einer Religionsgemeinschaft des öffentlichen Rechts (§ 54 AO).

Vermögen kann solche gemeinnützigen Zwecke auf unterschiedliche Weise unterstützen. Neben der Ausstattung einer Stiftung mit Grundstockvermögen ist auch die Erhöhung des Grundstockvermögens einer bereits bestehenden Stiftung (die so genannte Zustiftung) oder die Bereitstellung für die laufende Zweckverwirklichung möglich.

Je nach Verwendungsart greifen unterschiedliche steuerliche Vergünstigungen.

Eine Zuwendung zur laufenden Zweckverwirklichung (sofortiger Verbrauch) ist als Spende mit bis zu 20 Prozent des Gesamtbetrags der Einkünfte oder vier Promille der Summe der gesamten Umsätze und der im Kalenderjahr aufgewendeten Löhne und Gehälter absetzbar (§ 10b Abs. 1 Satz 1 EStG). Diese Möglichkeit besteht zeitlich unbegrenzt. Spenden, die diese Grenze überschreiten, sind wiederum im Rahmen der Höchstbeträge unbegrenzt in den folgenden Veranlagungszeiträumen abziehbar. Diese Mittel dürfen für die Zwecke der Stiftung verwendet werden und müssen nicht in den Grundstock fließen.

Darüber hinaus ist die Kapitalausstattung einer Stiftung steuerlich in besonderem Maße privilegiert, was im Gegensatz zu früher nicht mehr allein auf ihre Neugründung beschränkt ist. Über den oben erläuterten Spendenabzug hinaus wird zumindest bei der Einkommen- und Gewerbesteuer die Möglichkeit gewährt, innerhalb eines Zehnjahreszeitraums einmalig Zuwendungen bis zu einer Million Euro zusätzlich als Sonderausgabe geltend zu machen (§ 10 b Abs. 1a EStG). Entscheidend ist jedoch, dass hier nur Zuwendungen in den Vermögensstock einer Stiftung begünstigt sind. Dahinter steht die Absicht des Gesetzgebers, die dauerhafte Kapitalausstattung von Stiftungen zu fördern.

Die Hingabe von Mitteln, die zum sofortigen Verbrauch vorgesehen sind, wird folglich nicht im selben Maße begünstigt wie die, die das Grundstockvermögen einer Stiftung bildet oder erhöht.

ANHANG

HISTORISCHE STIFTERPERSÖNLICHKEITEN UND STIFTUNGEN AN DER UNIVERSITÄT INGOLSTADT-LANDSHUT-MÜNCHEN IN AUSWAHL

Abegg, Dr. Johann Christoph (* 1592 Ravensburg, † 17.10.1645 Frankfurt), Hofratskanzler, politischer Gesandter des Kurfürsten Maximilian, stiftete am 2. Februar 1645 ein Kapital von 3.000 Gulden (an das kurfürstliche Hofzahlamt) für zwei Stipendien zu 100 bzw. zu 50 Gulden zugunsten studierender Angehöriger der Familien von Kolb, Bittelmayr und Soll.
Siehe ausführlich oben, S. 43.

Amelie-Stiftung. Am 21.10.1910 übergab eine Dame, die unbekannt bleiben wollte, dem Universitätsprofessor Dr. Friedrich Lange den Betrag von 20.000 Mark für Freibetten in der orthopädischen Poliklinik des chirurgisch-klinischen Instituts mit der Bestimmung, dass die Schenkung den Namen *Amelie-Stiftung* tragen solle. Das Kultusministerium wollte die „Stiftung" lediglich als belasteten Zufluss zum Universitätsvermögen behandelt wissen.

Arnhard, Dr. Karl von († 8.10.1923), Privatgelehrter. Auf Grund seines Testaments vom 19.4.1920 errichtete die Universität mit Urkunde vom 8.11.1935 eine Stiftung mit einem Vermögen von 3.000 Reichsmark, aus deren Erträgnissen Studierende der morgenländischen Sprachen mit Stipendien unterstützt werden sollten: „Die Bewerber müssen geborene Bayern sein und nachweisbar Tüchtiges leisten."

Bach, Dr. Joseph (* 4.5.1833 Aislingen, † 22.9.1901), Professor, vermachte dem *Georgianum* das Haus Veterinärstraße 10, das 1903 für 120.000 Mark verkauft wurde (24.3.1898, 2.4.1899 und Genehmigung vom 18.10.1901). Davon wurde mit 60.000 Mark der (für Bauvorhaben bestimmte) Baufonds gegründet (Entschließung des Ministeriums vom 31.7.1903). In den ersten Jahren standen die Erträgnisse den Verwandten zu. Der so genannte *Priesterhausbaufonds* (*Baufonds des Herzoglich Georgianischen Priesterhauses*) wurde 1950 aufgelöst und das Vermögen dem *Priesterhausfonds* zugeteilt.

Barkan, Dr. Adolf (* 1845, † 1935), Professor für Augenheilkunde an der Stanford-University San Francisco, nach seiner Emeritierung in Zürich wohnhaft, errichtete mit Urkunde vom 26.12.1928 (zusammen mit Geheimrat von Müller) die *Barkan-Müller-Stiftung an der Ludwig-Maximilians-Universität München* (Genehmigung vom 18.1.1929), die mit einem Kapital von 20.928 Reichsmark zur Unterstützung von bedürftigen und würdigen Studierenden deutscher Abstammung und deutscher Muttersprache ausgestattet war.

Barth, Balthasar, zu Harmating, Reichskammergerichtsassessor in Speyer, vermachte in seinem Testament von 1615 seiner verwitweten Schwester, die mit Ulrich von Wemding verheiratet war, 2.000 Gulden. Nach deren Tod sollte das Geld für ein Stipendium zugunsten der Barthschen Verwandtschaft verwendet werden (*Geschwister Barth'sches Stipendium*).

Barth, Georg († 1899 Ansbach), Konsistorialrechnungskommissär, und Jeanette Barth († 1900), Geschwister, stifteten am 22.8.1891 45.642 Mark für christliche Studierende mit bayerischer Staatsangehörigkeit, die die Stipendienprüfung mit Note 1 bestanden hatten.

Bauer, Friedrich Michael († 1.12.1914), Präparandenlehrer, Schüler von Professor Drygalski, bedachte die Universität für den Fall, dass seine Witwe Else Bauer (geb. Geier) sterben oder sich wieder verheiraten sollte, als Nacherbin mit seinem Vermögen. Das Vermögen sollte zur Errichtung einer Stiftung am Geographischen Institut der Universität verwendet werden. Beim Tod der Witwe 1921 standen für die Universität 3.500 Mark in Wertpapieren zur Verfügung (Genehmigung vom 12.6.1921). Diese wurden als Schenkung dem Geographischen Institut zur beliebigen Verwendung überlassen (*Zustiftung des Präparandenlehrers Bauer*).

Baum, Georg, Wirt zu Ilmendorf, stiftete am 4.9.1605 ein Kapital von 1.580 Gulden (Stand 1807), das auf die Hofmark Rockolding versichert war, die im Eigentum von Baum stand. Die Hofmark fiel später an die Universität. Der Hofmarksbesitz wurde von der Universität offensichtlich unabhängig von der Stiftung verwaltet.

Benz, Dr. Michael (* Bruchsal, † 17.5.1578), Propst in Vilshofen, Domherr in Passau. Seine Testamentsvollstrecker errichteten am 16. Juni 1579 eine Stiftung mit 1.000 Gulden zugunsten des *Georgianums*. Der Ertrag von 50 Gulden war für einen Studierenden aus der Familie des Stifters, ersatzweise für Studierende aus Bruchsal bestimmt. Ende 1892 betrug das Stiftungskapital 3.222 Mark. 1950 wurde die Stiftung mit dem *Priesterhausfonds* vereinigt.

Berg, Marquard von (* 1528 Öpfingen bei Ulm, † 28.1.1591 Dillingen), Bischof von Augsburg, Dompropst zu Bamberg, errichtete am 14.8.1590 ein Testament, das folgenden Passus enthielt: „Item so verschaffen wir zweitausend Gulden, welche mit Rat und Gutachten eines Domkapitels zu Bamberg im Stift sollen angelegt und von dem Zins eine taugliche Person nach Gutachten jetzt bemelts Domkapitel, so albereit ire fundamenta grammaticalia in studio sechs oder sieben Jar (doch das dieselbig einem Kapitel oder da dassebig irer nicht bedurft, einem je zu Zeiten regierenden Bischofe zu dienen und sich ad facultatem Theologicam vel Juridicam zue begeben, verobligieren) underhalten werden". Das Stipendium wurde bis zur Auflösung des Domkapitels 1803 gewohnheitsmäßig für 6 bis 7 Jahre dem Sohn eines Beamten des Domkapitels gegeben und damit unter dessen Gehalt eingerechnet. Um 1800 betrug das Stiftungskapital 2.500 Gulden, so dass jährlich 125 Gulden ausgezahlt werden konnten.

Brandeis, Alice († 2.3.1903 Nürnberg), Privatiere, stiftete am 19.2.1900 (Genehmigung vom 1.8.1903) ein Kapital von 45.000 Mark für Studierende der Medizin mit Ohrenheilkunde als Spezialfach; bei gleichzeitiger Bewerbung von christlichen und jüdischen Bewerbern muss eines der beiden Stipendien einem jüdischen Bewerber verliehen werden.

Brenner, Dr. Johann, Kanonikus und Weihbischof von Passau, stiftete mit Testament vom 27.1.1628 ein Kapital von 10.000 Gulden (*Passauisches Stipendium*) „pro uno ex familia Balthasarorum e sorore mea descentium, quamdiu aliqui tales superfuerint, his deficientibus pro alio ex eadem familia". Für das Studienjahr 1914/15 betrug das Stipendium 700 Mark.

Christ, Dr. Wilhelm von (* 2.8.1831 Geisenheim, † 8.2.1906 München), Professor für Klassische Philologie in München, stiftete am 27.1.1902 (Genehmigung vom 3.2.1902) einen Betrag von 2.200 Mark als Preis für Arbeiten auf dem Gebiet der klassischen Philologie.

Creuz, Maria Jakoba von, errichtete eine Familienstipendienstiftung für Studierende der Theologie am *Georgianum* (Konvikt zu Ingolstadt) oder in Dillingen. Der Stipendiat sollte wenigstens die Rhetorik oder die sechste Klasse absolviert haben „und geneigt sein, in den geistlichen Stand (gleichviel ob als Weltpriester oder als Ordensgeistlicher) einzutreten". Die Studienfortschritte mussten jährlich durch eine Privatprüfung oder eine öffentliche Disputation nachgewiesen werden. „Unfleiß, unsittliches Betragen und Nichtannahme des geistlichen Standes nach vollendeten Studien soll nicht nur mit dem Verlust des Stipendiums, sondern auch mit Zurückzahlung der genossenen Unterstützung bestraft [...] werden." Bevorzugt wurden bei der Stipendienvergabe Verwandte der Stifterin bzw. ihres Ehemanns, ersatzweise Studierende aus München und Altbayern. Verwaltet wurde die Stipendienstiftung im 19. und 20. Jahrhundert von der Regierung von Oberbayern (1869/70 73 Gulden, 1898/99 150 Mark).

Denich, Joachim (* 1560 oder 1563, † 27.3.1633 oder 1635), Professor der Rechte in Ingolstadt (oder ein anderer Denich), stiftete ein Beneficium bei der Oberen Pfarre, das 300 Gulden für drei Studenten der Theologie erbrachte.

Denich, Sebastian (* 4.8.1596 Ingolstadt, † 6.12.1671), Weihbischof in Regensburg, errichtete am 22.5.1668 ein Testament, in dem er das Jesuitenkolleg in Ingolstadt zu seinem Universalerben bestimmte, damit aus den Renten „soviele Theologiae Studiosi eiusdem Societatis oder auch nur Philosophiae", als das Kapital gestatte, unterhalten würden. Denich hatte schon früher gemeinsam mit seinen zwei Geschwistern dem Kollegium 4.900 Gulden übergeben, um davon zwei Beneficia für Priester an der Denichschen Kapelle in der Liebfrauenkirche zu Ingolstadt einzurichten. Eine Abrechnung aus dem 18. Jahrhundert nannte ein Kapital von 25.000 Gulden, von dem die Hälfte in Gütern, vor allem in den Hofmarken Prunn und Randeck, angelegt waren. Dazu kam noch ein weiteres Kapital von 5.000 Gulden für zwei Priester. Aus der Jahresrente konnten 33 Studenten der Theologie oder Philosophie mit jährlich 120 Gulden unterhalten werden.

Deutinger, Dr. Martin (* 24.3.1815 Schachtenmühle bei Moosburg, † 9.9.1864 Bad Pfäfers/Schweiz), Lyzealprofessor in Freising (1841–1846), dann Philosophieprofessor in München (Wintersemester 1846/47), dann Dillingen, ging 1852 in den Ruhestand, lebte in München, dort seit 1858 Universitätsprediger. Das Hauptwerk Deutingers sind die *Grundlinien einer positiven Philosophie als vorläufiger Versuch einer Zurückführung aller Teile der Philosophie auf christliche Prinzipien* (6 Bde.). Deutinger vermachte in seinem Testament vom 5.5.1864 dem *Georgianum* seine Bibliothek, seine Kunstsammlungen und ein Kapital von 4.900 Gulden zur Stiftung eines Stipendiums. Nach der Stiftungsurkunde, die von den Seminarvorständen Thalhofer und Schmid am 6.1.1872 ausgestellt wurde, sollte das Stipendium einem Priester verliehen werden, der die Promotion in der Philosophie oder Theologie anstrebte. Sollte der Stipendiat aus eigener Schuld das Ziel nicht erreichen, so hatte er die Hälfte der Zuwendungen zurückzuerstatten. Der Stipendiat sollte nach der Weihe jährlich am Geburts- und Sterbetag des Stifters Messen lesen.

Deutsche Forschungsanstalt für Lebensmittelchemie, wurde am 3. April 1918 als öffentliche selbständige Stiftung (für die Erforschung der chemischen Zusammensetzung der Lebensmittel und zur Lösung der Fragen ihrer Gewinnung, Aufbewahrung, Zubereitung und Nährwertbestimmung) von der bayerischen Regierung ins Leben gerufen und mit einem Kapital von 495.000 Mark ausgestattet, das teils aus öffentlichen Mitteln und teils aus privaten Spenden stammte. In den folgenden Jahren kamen weitere Beträge der bayerischen und der Reichsregierung hinzu. Die Verwaltung der Stiftung wurde später dem Verwaltungsausschuss der Universität übergeben.

Döllinger, Dr. Ignaz von (* 28.2.1799 Bamberg, † 10.1.1890 München), Reichsrat, Professor für Kirchenrecht und Kirchengeschichte in München, stiftete am 16.8.1888 (Genehmigung vom 1.3.1890) ein Stipendium für die Vorbereitung auf das akademische Lehramt und zur Unterstützung wissenschaftlicher Arbeiten nach Abschluss des Universitätsstudiums ohne Unterschied der Fakultäten. Das Stiftungskapital setzte sich im Wesentlichen aus 10.000 Mark Bargeld und 40.000 Mark Erlös aus dem Verkauf der Bibliothek (an die Universität) zusammen (Kapitalstand Ende 1902: 51.650 Mark).
Siehe ausführlich oben, S. 64–66.

Donaubauer, Wolfgang, O.S. Fr., stiftete ein Stipendium für einen armen Knaben „ex domo Gregoriano Monacensi bei welchem weder auf Freundschaft noch Gunst, sondern allein auf Tugend und gute Sitten, auf Talent und Kenntnis in der Musik zu sehen ist" und der Philosophie und Theologie an der Universität Ingolstadt studierte und sich dem geistlichen Stand widmen wollte. Sobald erkennbar werde, dass der Stipendienbezieher sich nicht dem geistlichen Stand widmen wolle, sollte das Stipendium einem anderen Knaben „ex domo Gregoriano Monacensi", ersatzweise einem Zögling aus einem anderen inländischen Gymnasium gegeben werden (*Intelligenzblatt der kgl. Regierung von Oberbayern 1842,* Sp. 1058 f.). Das Stipendium, das im 19. und 20. Jahrhundert von der Regierung von Oberbayern verwaltet wurde, betrug 1869/70 60 Gulden und 30 Kreuzer, 1910 100 Mark. Das Vorschlagsrecht hatte das Direktorat des kgl. Erziehungsinstituts für Studierende in München.

Drygalski, Dr. Erich von (* 9.2.1865 Königsberg, † 10.1.1949 München), seit 1906 Professor für Geographie an der Universität München, errichtete 1926 mit den ihm anlässlich seines 60. Geburtstags zur Verfügung gestellten Mitteln eine Stiftung beim Geographischen Institut in Höhe von 4.644 Mark. Aus den Jahresrenten sollten Studienbeihilfen für Studierende bayerischer Staatsangehörigkeit zum Besuch der norddeutschen Universitäten Königsberg, Breslau, Greifswald und Berlin bzw. Reise- und Druckkostenbeihilfen gewährt werden.

Eck, Dr. Simon Thaddäus (* 1515 Eck an der Günz, † 1.2.1574 München), herzoglicher Rat, seit 1559 in der Funktion eines Kanzlers, Halbbruder des Theologieprofessors Dr. Johannes Eck, studierte seit 1525 in Ingolstadt und erwarb 1536 den *Doctor utriusque iuris.* Die von ihm angeordnete Stipendienstiftung wurde von seinen Testamentsvollstreckern mit Urkunde vom 27.11.1579 errichtet. Sie umfasste ein Stiftungskapital von 2.000 Gulden für zwei Stipendien zu je 50 Gulden für Studierende aus seiner oder seiner Frau Familie.

Eisengrein, Martin (* 28.12.1535 Stuttgart, † 3.5.1578 Ingolstadt), Professor in Ingolstadt, immatrikulierte sich 1553 an der Wiener Universität und wurde im gleichen Jahr zum Magister promoviert, 1555 Professor der Beredsamkeit und 1557 Professor der Naturphilosophie, konvertierte 1558, um 1560 zum Priester geweiht und dann Domprediger von St. Stephan zu werden. 1562 wurde er von Herzog Albrecht V. auf eine theologische Professur nach Ingolstadt und auf die Pfarrstelle von St. Moritz berufen, 1571 zum Doktor der Theologie promoviert. Er gilt auf Grund seiner Bemühungen um die Erwerbung von Bibliotheken als der eigentliche Schöpfer der Universitätsbibliothek. Auch seine eigene Büchersammlung vermachte er der Universität. Eisengreins Stipendienstiftung wurde in seinem Auftrag nach seinem Tod durch den Passauer Domherrn Dr. Johann Eisengrein, den Bruder des Stifters, errichtet. Sie umfasste zwei Stipendienstiftungen am *Georgianum* (vorzugsweise für Familienangehörige) mit einem von der Hofkammer verwalteten Kapital von 18.000 Gulden und einem Gesamtertrag von 90 Gulden. Jeder Stipendiat sollte 40 Gulden erhalten, der Rest von zehn Gulden war vom Regens für Bettzeug zu verwenden.

Fator, Johannes, aus Ortisei/St. Ulrich im Grödnertal, Verwalter des Ballhauses in München, errichtete 1585 eine Stiftung mit 1.000 Gulden Kapital zugunsten eines Kollegiaten am *Georgianum* in Ingolstadt, wobei Familienangehörige bzw. aus Ortisei stammende Bewerber den Vorzug haben sollten.

Feil, Karoline († 26.6.1925), Bahnexpeditorswitwe aus Simbach, vermachte mit Testament vom 5.2.1910 ihren Nachlass (im Wesentlichen ein Haus in Simbach) dem Haunerschen Kinderspital. 1927 wurde das Haus an die Gemeinde Simbach am Inn verkauft. Aus dem Erlös wurde ein *Karoline-Feil-Fonds* begründet, der zusammen mit dem *Alten Fonds* 1960 dem *Neuen Fonds* am Haunerschen Kinderspital mit der Auflage zugeschlagen wurde, dass die Mittel der Unterbringung armer Kinder dienen sollten.

Franz, Dr. phil. Franz Xaver (* 1801, † 27.10.1879 München), Pfarrer von Obersaal (Bistum Regensburg). Auf seine Stiftungen gehen drei selbständige Stipendienstiftungen, das *Universitätsstipendium für Naturwissenschaften*, das *Philosophische Universitätsstipendium* und das *Orientalische Stipendium*, sowie ein nicht rechtsfähiger Fonds zurück. Das *Naturwissenschaftliche Stipendium* beruhte auf einer Stiftung vom 11.12.1861 mit einem Kapital von 8.000 Gulden, aus dem Stipendien für in Bayern geborene katholische Priester bezahlt werden sollten, die an der Universität München Chemie, Mineralogie, Botanik, Zoologie, Physik, Physiologie, Geologie und Geognosie studierten. Das *Philosophische Stipendium* entsprang einem Stiftungsgeschäft (Testament) vom 30.7.1863 (Nachtrag vom 31.7.1874), das die oben genannten Fächer auf theoretische und praktische Philosophie (Logik, Metaphysik, Anthropologie und Psychologie) sowie Moral-, Rechts- und Religionsphilosophie ausdehnte. 1914 betrug das Kapital 12.221 Mark. Das *Orientalische Stipendium* zur Förderung des Studiums und der Forschungen auf dem Gebiete der orientalischen Sprachen schließlich wurde am 27.8.1914 auf Grund des Testaments vom 30.7.1863 aus Überschüssen des zweiten Stipendiums von der Universität mit einem Kapital von 20.000 Mark gebildet. Franz erhielt für seine Stiftungen die Ehrendoktorwürde der Universität.

Frohschammer, Dr. Jakob (* 6.1.1821 Illkofen, † 14.6.1893 Wildbad Kreuth), Professor der Philosophie an der Universität München, stiftete mit Testament vom 9.12.1890 (Genehmigung vom 3.7.1893) mit einem Kapital von 67.302 Mark (Ende 1902) ein Stipendium für Studierende im ersten Jahr, vor allem Abiturienten der Gymnasien in Regensburg, Landshut, Straubing und Passau, dann ein Philosophiestipendium für Studierende, die über das gewöhnliche Universitätsstudium hinaus an der Universität bleiben wollten, und schließlich eine *Philosophische Preisstiftung*, durch die alle vier Jahre ein hervorragendes philosophisches Werk mit 1.600 Mark ausgezeichnet werden sollte. Das Thema wurde von der Philosophischen Fakultät gestellt. Aus der Stiftung konnten vor dem Ersten Weltkrieg etwa 2.500 Mark jährlich an Stipendien ausbezahlt werden. Auch seine Bibliothek schenkte Frohschammer der Universität.

Geiger, Anna, geb. Meisinger († 18.10.1908 Ebersberg), Oberamtsrichterswitwe aus Kaufbeuren, stiftete im Zusammenwirken mit ihrem Bruder Albert Meisinger, Privatier in München, mit Testament vom 20.9.1905 (Genehmigung vom 25.1.1908) 30.000 Mark „zur kostenfreien Aufnahme von Verwandten der Familie Meisinger und von bedürftigen Augenkranken aus dem Bezirksamte Roding in der Universitäts-Augenklinik zu München" (*Geiger-Meisinger-Stiftung*).

Gewold, Dr. Christoph (* 10.10.1556 Amberg, † 17.6.1621 Ingolstadt), Hofrat, Geheimer Ratssekretär und Geheimer Archivar, zog 1617 nach Ingolstadt, wo er sich nur noch seinen wissenschaftlichen (historischen und politischen) Arbeiten widmete, stiftete 1621 ein Stipendium zum Studium der Jurisprudenz für seine Verwandten. In Ermangelung geeigneter Verwandter sollte das Stipendium anderen armen Juristen zugute kommen. Das Kapital bestand aus 2.000 Gulden, die bei der Landschaft angelegt waren und im Jahr 1800 jährliche Zinsen von 80 Gulden abwarfen. Die Verwaltung hatte die Juristische Fakultät.
Siehe ausführlich oben, S. 42 f.

Gietl, Maria († 29.8.1920 München), Regierungsdirektorstochter und St. Anna-Stiftsdame, setzte das Domkapitel zu Unserer Lieben Frau als Universalerben mit der Auflage ein, ein Legat von 10.000 Mark an die Universität zu bezahlen, dessen Zinsen für Stipendien zur Förderung der wissenschaftlichen Arbeit am Kirchenrechtlichen Seminar verwendet werden sollten. Da das Vermächtnis nicht aus dem Nachlass bar bezahlt werden konnte, erhielt das Kanonistische Seminar die Summe in der Form von bayerischen Eisenbahn-Anleihen.

Grill (Grüll), Dr. Lorenz (* um den 28.7.1523 Altheim bei Landshut, † 4.3.1560), Mediziner, stiftete ein Kapital von 4.000 Gulden für ein Stipendium für Verwandte, soweit sie Medizin studierten. 1806 lag noch ein Kapital von 1.435 Gulden bei der Landschaftskasse.

Hahn, Dr. Felix († 8.9.1914 Frankreich), Geologe, stiftete am 4.8.1914 (Genehmigung vom 19.12.1914) ein Kapital von 10.000 Mark für Studierende der Geologie und Paläontologie zum Zwecke der Förderung selbständiger Arbeiten oder für Studienreisen.

Harburger, Betty, Witwe des Senatspräsidenten beim Oberlandesgericht München und Honorarprofessors Dr. Heinrich Harburger († 1916), stiftete mit Urkunden vom 11.11.1916 und 17.12.1916 ein Kapital von rund 5.300 Mark (Genehmigung vom 15.2.1917) für einen Rechtspraktikanten oder Dozenten nach in München bestandener Schluss- oder Doktorprüfung auf Grund einer Arbeit aus dem Gebiet des Völkerrechts, des internationalen Privat-, Prozess-, Straf- und Verwaltungsrechts oder der vergleichenden Rechtswissenschaft, die von der Fakultät als wertvolle Bereicherung der Rechtswissenschaft anerkannt worden ist (*Harburger Stipendiums-Stiftung*).

Hauser, Dr. Friedrich Wilhelm († 20.2.1917 Baden-Baden), Archäologe, stiftete mit Testament vom 24.10.1914 (Genehmigung vom 11.7.1917) ein Kapital von 46.000 Mark für sachliche Zwecke des Archäologischen Seminars oder zur Unterstützung von Angehörigen des Seminars.

Hirsch, James, Freiherr von, stiftete im Oktober 1886 ein Kapital von 3.000 Mark (Genehmigung vom 17.2.1887) für Studierende der Rechtswissenschaft israelitischer Konfession aus Bayern. Das Vermögen wurde 1960 zusammen mit dem Vermögen anderer nicht rechtsfähiger Fonds der neugebildeten *Vereinigten Stipendienstiftung* übereignet.
Siehe auch oben, S. 77.

Hunger, Dr. Albert (* 1545 Kelheim, † 11.2.1604 Ingolstadt), Professor der Theologie in Ingolstadt seit 1570, begründete kurz vor seinem Tod 1604 eine wohltätige Stiftung sowie eine Stipendienstiftung. Letztere war noch 1807 mit einem Kapital von 2.300 Gulden ausgestattet. Das Stipendium sollte zur Hälfte von je einem Studierenden der Theologie und der Jurisprudenz sowie von je einem Studenten der Medizin und der Philosophie genossen werden (*Halbhungerische Stipendien*). Die wohltätige Stiftung diente der Unterstützung von armen, dem Dienstpersonal der Universität angehörenden Personen. Sie wurde am 6.1.1938 mit dem *Unterstützungsfonds für Hochschuldiener* zusammengelegt. Das Vermögen wurde 1960 zusammen mit dem Vermögen anderer nicht rechtsfähiger Fonds der neugebildeten *Vereinigten Stipendienstiftung* übereignet. Ein *Hunger'scher Almosen- und Arbeiter-Unterstützungsfonds* wurde 1960 aufgelöst und der *Einhundertjahresstiftung* der Universität zugeführt.

Jocher, Dr. Wilhelm (* 1565, † 1639), Geheimer Rat, stiftete am 22.2.1617 zunächst 2.000 Gulden und durch Testament vom 28.5.1628 (ergänzt am 20.4.1633) weitere 2.000 Gulden für zwei Stipendien von je 100 Gulden an der Universität München zugunsten der Abkömmlinge seines Bruders Carl Jocher.
Siehe ausführlich oben, S. 39–42.

Jubiläumsstiftung der Stadt München, errichtet anlässlich der Jahrhundertfeier der Verlegung der Ludwig-Maximilians-Universität von Landshut nach München (1826) durch die Stadt München und genehmigt mit Stadtratsbeschluss vom 5.10.1926. Die Erträgnisse der Stiftung, die über ein Kapital von 50.000 Mark verfügte, sollten dem Senat der Universität München für Zwecke der Förderung der wissenschaftlichen Tätigkeit zur freien Verfügung stehen.

Kanz(e)lmüller, Johann Leonhard, kurfürstlicher Regimentsrat zu Burghausen, stiftete im Jahr 1696 in seinem Testament Stipendien am Seminar von Burghausen für zwölf studierende Knaben, die aus der Verwandtschaft seiner Frau kommen mussten (ersatzweise für Studierende, die aus Burghausen bzw. aus dem Regierungsbezirk stammten). Nach Aufhebung des Burghausener Seminars wurde 1799 die Stiftung an das Seminar in Landshut überwiesen und vor allem für Universitätsstipendien verwendet. Ein Teil des Stiftungsertrags wurde 1799 zur Organisierung der bürgerlichen und Feiertagsschulen in Burghausen bestimmt. 1803 standen für Stipendien insgesamt nur noch 600 Gulden zur Verfügung, mit denen Stipendien zu 60 und zu 120 Gulden vergeben wurden.

Kitt, Dr. Theodor (* 2.11.1858 München, † 10.10.1941 München), Professor, Geheimer Veterinärrat, errichtete am 8.10.1931 (Genehmigung) die rechtlich selbständige *Kitt'sche Stiftung für die Tierärztliche Fakultät* mit einem Kapital von 10.000 Reichsmark, der nach dem Tod des Stifters noch ein zusätzliches Vermächtnis von 180.000 Reichsmark (abzüglich von 18.000 Reichsmark für die Budapester Tierärztliche Hochschule) als Stiftungszufluss zugeführt wurde. Mit Stiftungsurkunde vom 20.7.1933 errichtete Kitt eine *Kitt'sche Reisestipendienstiftung für die Tierärztliche Fakultät der Universität München* mit einem Kapital von 4.000 Reichsmark. Aus den Erträgnissen sollte einem tierärztlichen Assistenten des Instituts für Tierpathologie ein Reisezuschuss zum Besuch auswärtiger wissenschaftlicher Institute gewährt werden.

Klee, Dr. med. Franz, praktischer Arzt in Mainz, stiftete am 24.7.1878 ein *Heinrich Klee'sches Stipendium* für Preisträger der Theologischen Fakultät. Außerdem sollte mit den Erträgnissen die Büste des Professors der Dogmatik und Exegese, Dr. Heinrich Klee (* 20.4.1800 Münstermaifeld/Koblenz, † 28.7.1840 München), im Nördlichen Friedhof in München erhalten werden.
Siehe ausführlich oben, S. 65.

Klenk, Dr. Rudolf (* 1528 Bremen, † 6.8.1578 Kalenberg), durchwanderte, teils als Prinzenbegleiter, Europa, studierte an mehreren europäischen Universitäten, konvertierte und wurde in Löwen zum Doktor der Rechte promoviert, 1563 in Ingolstadt auch zum Doktor der Theologie. Er war Domprediger in Eichstätt und wurde 1568 Professor in Ingolstadt, von 1570 bis 1577 Regens des *Georgianums.* Vom katholischen Herzog von Braunschweig nach Sachsen gerufen, starb er in Kalenberg. Seine bedeutende Bibliothek, deren Wert auf 5.000 Gulden geschätzt wurde, vermachte er der Universität. Für das *Georgianum* stiftete er ein Kapital von 2.000 Gulden für zwei Stipendien.

Kloepfer, Hermann, Großkaufmann in München, stiftete mit Urkunde vom 1.9.1916 (endgültig am 27.1.1917, genehmigt am 13.2.1917) zur Erinnerung an seinen Vater Johann Christian Kloepfer, ebenfalls Großkaufmann in München, unter dem Namen *Johann Christian Kloepfersche Forst-Stiftung* ein Kapital von 25.000 Mark zur Erforschung waldzerstörender Tiere, vornehmlich Insekten.

Königswarter, Dr. phil. Wilhelm Karl (* 4.3.1809 Fürth, † 15.5.1887 Meran), errichtete 1855 die *Simon Königswarter-Stiftung* und am 31.12.1862 aus Anlass der Gleichstellung der Juden in Bayern eine Stiftung in Höhe von 3.000 Gulden Kapital für arme begabte Studenten ohne Rücksicht auf die Konfession, auch zur Weiterbildung im Ausland. Vorschlagsrecht hatten die Fakultäten im Turnus. Im Jahr 1910 belief sich der Ertrag aus dieser Stiftung auf 250 Mark. Königswarter errichtete darüber hinaus 1877 in Fürth eine örtliche Stiftung (mit einem Kapital von 1.000 Mark) zur Förderung humanitärer und gemeinnütziger Zwecke. 1960 wurde die Stiftung mit anderen Stiftungen zur *Vereinigten Stipendienstiftung* zusammengelegt.
Siehe auch oben, S. 77.

Kohn, Adolf († 1871 München), Privatier, gebürtig aus Fürth, wohnhaft in München und Paris, vermachte in seinem Testament vom 26.6.1858 der Universität ein Vermächtnis in Höhe von 20.000 Gulden für unbemittelte Studierende der Universität München, die der israelitischen Konfession angehörten (Genehmigung vom 31.1.1872). 1960 wurde die Stiftung mit anderen Stiftungen zur *Vereinigten Stipendienstiftung* zusammengelegt.
Siehe auch oben, S. 77.

Kripper, Christian († 1574), Regens am *Georgianum* von 1562 bis 1570, studierte seit 1544 in Ingolstadt und war wahrscheinlich Hofkaplan in München. 1569 erwarb er das Baccalaureat und ging dann als Weihbischof nach Passau. Unter seiner Leitung wurde das *Georgianum* erheblich ausgebaut, da sich die ursprünglich elf Stipendienplätze auf fast 30 erhöht hatten. Bei seinem Tod hinterließ er dem *Georgianum* eine Reihe von Gegenständen und eine Stiftung für zwei Stipendien, wovon eines für einen Studierenden der Theologie aus dem Salzburger Bistum, das andere für einen Studierenden aus der Familie des Stifters gedacht war.

Lamont, Johann von (John Lamont) (* 13.12.1805 Braemar/Schottland, † 6.8.1879 München), Professor der Astronomie in München und Direktor der Sternwarte, stiftete am 3.5.1854 6.000 Gulden und am 15.5.1863 weitere 3.000 Gulden Kapital für Stipendien zur Heranbildung junger Gelehrter in der reinen Mathematik, Physik und Astronomie, ersatzweise Förderung des Studiums der Naturwissenschaften. Die Bewerber mussten katholische Bayern sein. 1960 ging die Stiftung in der *Vereinigten Stipendienstiftung* auf.
Siehe ausführlich oben, S. 67–69.

Landau, Ludwig (* Hünfeld), 1571 bis 1588 Abt des Benediktinerstifts Hersfeld/Fulda, stiftete am 29.9.1574 1.200 Gulden (später 1.588 Gulden) für ein Familienstipendium in Höhe von 60 Gulden. Landau war verwandt mit Friedrich und Adam Landau, beide Professoren an der Universität. 1960 wurde die Stiftung mit anderen Stiftungen zur *Vereinigten Stipendienstiftung* zusammengelegt.

Landgraf, Dr. Josef († 3.11.1914 Heidelberg), Handelskammersyndikus in Wiesbaden, Markenrechtsanwalt, errichtete durch Testament vom 22.4.1908 und durch Urkunde des Senats der Universität München vom 14.6.1916 (Genehmigung vom 21.8.1917) eine Stipendienstiftung mit einem Kapital von rund 260.000 Mark, aus deren Erträgnissen Studierende der Universität München und solche, die sich nach Beendigung des Studiums auf ein Staatsamt vorbereiteten, unterstützt werden sollten, bevorzugt Bamberger Bewerber und Mitglieder des *Akademischen Gesangsvereins*. Von den Erträgen war auch das Grab des Stifters zu erhalten.

Ligsalz, Friedrich von, Pfleger zu Eggmühl, und sein Bruder Ferdinand, Bürgermeister zu München und Landschaftsverordneter, stifteten ein Kapital für ein Benefizium bei der Kirche Unserer Lieben Frau in München und für ein Stipendium. In einem Vergleich vom 9.10.1755 wurde festgelegt, dass zwei Stipendiaten jeweils 112 Gulden beziehen sollten. 1822 waren nur noch ein Kapital von 4.250 Gulden und damit ein jährlicher Zins (4 %) von 170 Gulden verfügbar. Die Stipendien waren für Familienangehörige und nur ersatzweise für andere Studierende bestimmt. Präsentationsrecht hatten der jeweilige Senior oder die jeweilige Seniorin der Familie.

Mahir, Barbara, Witwe des Privatdozenten Dr. Oskar Mahir, stiftete 6.000 Mark (Genehmigung vom 28.2.1897) für Preisträger der Medizinischen Fakultät. Die rechtlich selbständige *Dr. Mahir'sche Preisstiftung* wurde 1960 mit anderen Stiftungen zur *Vereinigten Stipendienstiftung* zusammengelegt. Schon zu Lebzeiten von Dr. Oskar Mahir hatte das Ehepaar als Münchner Familien- und Lokalstipendium eine (von der Stadt München verwaltete) *Dr. Mahir'sche Wohltätigkeitsstiftung* für in München beheimatete Studierende der Universität München ins Leben gerufen. Für das Studienjahr 1915/16 standen 16 Stipendien zu je 100 Mark zur Verfügung. Bei gleichen Voraussetzungen waren Verwandte des Stifterehepaars zu bevorzugen.

Mandl/Maendl, Dr. Johann von (* 8.1.1588, † 12.8.1666), Hofkammerpräsident, stiftete am 24.5.1654 ein Stipendium für Verwandte. Das Kapital betrug 1806 1.500 Gulden. Bedingung war ein Studium an der Universität Ingolstadt, jedoch durfte das Studium nicht länger als sieben Jahre dauern. Das Vermögen wurde 1960 zusammen mit dem Vermögen anderer nicht rechtsfähiger Fonds der neugebildeten *Vereinigten Stipendienstiftung* übereignet.

Maurer, Dr. Konrad von (* 29.4.1823 Frankenthal, † 16.9.1902 München), Professor für Nordische Rechtsgeschichte, errichtete am 30.7.1876 (Genehmigung vom 23.2.1877) eine Stiftung mit einem Kapital von 18.000 Mark für einen Rechtskandidaten nach Beendigung der Juristischen Schlussprüfung, aber vor dem Rechtskonkurs.
Siehe ausführlich oben, S. 71 f.

Mayr (Mair), Ursula, Tochter des Christoph Mayr, Mautner von Neuötting, Münchner Bürgerin, ehemalige polnische Oberkammerjungfrau, stiftete 1626 „aus sonderbarer Affection zu ihrem Vaterland für 3 Jünglinge, welche von guten Sitten und Ingenien sind, auch auf der Universität zu Ingolstadt Philosophie, dann Theologie, Jurisprudenz oder Medizin studieren und absolvieren" zunächst 2.000 Gulden, dann weitere 5.320 Gulden (landesherrliches Dekret vom 12.2.1628) mit jährlichen Erträgnissen von 360 Gulden, die zu gleichen Teilen auf die ausgewählten drei Studierenden verteilt wurden. Auch diese Stiftung ging 1960 in die *Vereinigte Stipendienstiftung* ein.
Siehe ausführlich oben, S. 43.

Mittasch, Dr. Paul Alwin (* 27.12.1869 Löbau, † 4.6.1953 Heidelberg), Professor, begründete mit Stiftungsurkunde vom 13.8.1943 (endgültige Fassung vom 20.11.1943) in Andenken an seinen 1932 in den Bergen verunglückten Sohn Heinz mit einem Grundkapital von 15.000 Reichsmark eine *Heinz Mittasch-Stiftung* zugunsten des Chemischen Laboratoriums der Universität München (Genehmigung vom 6.12.1943). Von den anfallenden Zinsen sollte „ein besonders begabter und eifriger, dabei bedürftiger und würdiger Student des Chemischen Laboratoriums der Universität München" eine Studienbeihilfe in Höhe von mindestens 300 Reichsmark erhalten.

Möhler, Dr. Johann Adam (* 6.5.1796 Igersheim bei Mergentheim, † 12.4.1838 München), Professor der Theologie in München, Domdekan in Würzburg. Möhler studierte in Tübingen und war seit 1835 Professor der Kirchengeschichte in München. Er stiftete ein Kapital von 2.000 Gulden für Studierende der Theologie (Testament vom 11.4.1838, Genehmigung vom 13.6.1838). Aus rückständigen Zinsen wurde 1855 mit 692 Gulden ein kleineres *Möhler'sches Stipendium* ins Leben gerufen, das 1872 durch Professor Dr. Franz Reithmayr mit 1.000 Gulden aufgebessert wurde. 1960 wurde die Stipendienstiftung mit anderen Stiftungen zur *Vereinigten Stipendienstiftung* zusammengelegt.
Siehe ausführlich oben, S. 63–65.

Montgelas, Maximilian Joseph Philipp von (* 1807, † 1870), Sohn des bayerischen Staatsreformers, stiftete am 22.12.1847 für die Erben des Grafen Rudolf von Montgelas ein Kapital von 1.000 Gulden zur Stipendienvergabe an katholische Theologiestudenten. Vorschlagsberechtigt war der Direktor des *Georgianums* bzw. der jeweilige Besitzer des *Gräflich von Montgelas'schen Reichsratsmajorats.* Das jährliche Erträgnis belief sich im Jahr 1910 auf 69 Mark. 1960 wurde die Stipendienstiftung mit anderen Stiftungen zur *Vereinigten Stipendienstiftung* zusammengelegt.

Niessl von Mayendorf, Gustav († 1.9.1919), Professor. Die *Niessl von Mayendorf-Stiftung* wurde aus Nachlassmitteln in Höhe von 5.000 Reichsmark mit Satzung vom 14.12.1929 (Genehmigung vom 3.3.1930) errichtet und sollte Mittel zur Unterstützung wissenschaftlicher Arbeiten im Bereich der Botanik an Dozenten, Doktoranden oder Studierende der Botanik an der Universität München vergeben. Bevorzugt werden sollten Mitglieder der Familie Niessl von Mayendorf. 1960 wurde die Stiftung mit anderen Stiftungen zur *Vereinigten Stipendienstiftung* zusammengelegt.

Nordhoff-Jung, Dr. Sofie Amalie, in Washington lebende Witwe des Arztes Dr. Nordhoff-Jung, schenkte 1922 dem Psychologischen Institut der Universität München 40.000 Mark. Der Betrag wurde dem Institut zur freien Verfügung überwiesen. Ende des Jahres schenkte ihm Frau Dr. Nordhoff-Jung weitere 466.000 Mark (Inflation!). In der Folgezeit benachrichtigte sie die Universität, dass sie testamentarisch ihr gesamtes Vermögen der Universität zugewandt hätte und dass dessen Zinsen in Höhe von 5.000 Dollar dem Pädagogischen Seminar in der Philosophischen Fakultät zur Verfügung gestellt werden sollten. 1929 überwies Frau Dr. Nordhoff-Jung im Vorgriff auf ihre (später nicht mehr durchgeführte) testamentarische Zuwendung 5.000 Dollar. Dieser Betrag wurde mit Stiftungsurkunde vom 14.12.1929 als selbständig rechtsfähige Stiftung unter dem Namen *Jung-Stiftung für das Pädagogische Seminar in der Philosophischen Fakultät der Universität München* angelegt (Genehmigung am 1.2.1930). Aus den Erträgnissen wurden auf Wunsch der Stifterin seit 1932 dem Werkmeister beim Pädagogischen Seminar jährlich 500 Reichsmark ausbezahlt. Zur Errichtung einer geplanten *Dr. Franz August Richard Jung- und Dr. Sofie Amalie Nordhoff-Jung-Gedächtnisstiftung* ist es nie gekommen. 1960 ging das Vermögen in die *Vereinigten Stiftungen und Fonds der Universität München für wissenschaftliche Zwecke aller Art* ein.

Oberschwender, Thomas, Dechant und Chorherr am Kollegialstift St. Johann zu Regensburg, stiftete am 7.7.1615 Kapitalien zugunsten der Juristischen Fakultät. Durch Reskript vom 18.12.1806 wurden Verwaltung und Präsentationsrecht dem bayerischen König übertragen. Die jeweiligen Anleihen in einer Gesamthöhe von insgesamt 5.700 Gulden (1806) lagen zum Großteil bei der Bayerischen Landschaft bzw. bei deren Schuldenabledigungswerk.

Paur, Dr. Karl, Generalarzt a. D. († 19.11.1911), setzte zusammen mit seiner Frau Therese († 19.10.1913) am 22.3.1910 testamentarisch die Universität zum Haupterben ihres gesamten Vermögens ein (Genehmigung vom 17.9.1910). Die Zinsen des Vermögens (Wertpapiere zu 67.000 Mark, 4.500 Kronen und 27.000 Gulden) der unselbständigen Stiftung (*Dr. Schönleutner-Paur'sche Wohltätigkeitsstiftung*) sollten zur Förderung der Krankenpflege im *Reisingerianum*, und zwar in erster Linie zur Schaffung von Freibetten für arme Kranke sowie zur Pflege und vorübergehenden Unterstützung der zur Entlassung kommenden armen Rekonvaleszenten durch Verteilung von Arznei, Verbands- und Erholungsmitteln, verwendet werden. Aus dem Kapital mussten noch Vermächtnisnehmer (Therese, Maria und Josef Paur) befriedigt werden (einmalig 8.000 Mark und jährlich bis zum Tod der Vermächtnisnehmer 1.500 Mark). 1933 betrug das Kapital nur noch 5.419 Mark zur Förderung der Krankenpflege im *Reisingerianum*.

Pengler, Magdalena († 9.4.1889), Witwe des Rats und Rechnungskommissärs Karl Pengler († 26.12.1885), stiftete mit Urkunde vom 14.4.1887 der Universität ein vierprozentig verzinsliches Hypothekenkapital von 3.000 Gulden (= 5.142 Mark 85 Pf.), das auf dem Anwesen des Brauerei- und

Gastwirtschaftsbesitzers Reiser in Partenkirchen versichert war. Aus dieser *Karl Penglerschen Stipendienstiftung* (Genehmigung vom 28.5.1887) sollten zwei Stipendien für minderbemittelte und würdige Studierende der Pharmazie an der Universität München bezahlt werden. 1960 wurde die Stiftung mit anderen Stiftungen zur *Vereinigten Stipendienstiftung* zusammengelegt.

Perles, Dr. Max (* 8.4.1867, † 20.10.1894 München), Augenarzt. Die Angehörigen des Dr. Max Perles stifteten am 21.12.1904 2.000 Mark für israelitische Studierende der Medizin oder Ärzte in den ersten zwei Jahren nach der Approbation, die sich durch Lösung einer Preisfrage oder eine sonstige wissenschaftliche Leistung ausgezeichnet hatten. 1960 wurde die Stiftung mit anderen Stiftungen zur *Vereinigten Stipendienstiftung* zusammengelegt.
Siehe ausführlich oben, S. 77.

Pettenkofer-Stiftung der Stadt München. Aus Anlass des 80. Geburtstags ihres Ehrenbürgers Prof. Dr. Max von Pettenkofer (* 3.12.1818 Lichtenheim, † 10.2.1901 München), des Chemikers und Begründers der Hygienewissenschaft, Universitätsprofessor in München, errichtete die Stadt München 1898 eine Stiftung von 10.000 Mark, welche den Namen *Geheimrat Dr. von Pettenkofersche Stiftung* führen sollte. Die Renten des Stiftungskapitals sollten zu Preisen für die besten Lösungen von gestellten Fragen auf dem Gebiet der wissenschaftlichen und praktischen Hygiene verwendet werden. Dabei sollten die Preise in der Regel nicht den Betrag von 1.000 bis 2.000 Mark übersteigen. Als örtliche Stiftung oblag die Verwaltung dem Stadtmagistrat. Zustiftungen zu dieser Stiftung machten bereits 1889 die Stadt Leipzig (5.000 Mark), die Stadt Danzig (300 Mark) sowie Schüler Pettenkofers (500 Mark). Am 6.4.1889 wurde der Stiftung die Bestätigung erteilt. Auch Pettenkofer selbst dachte in einem Testament vom 27.3.1888 an eine Stiftung zugunsten der Universität. Darin vermachte er seinem Enkel Moritz von Pettenkofer ein Vorvermächtnis über 50.000 Mark mit der Auflage, dass dieses Kapital der Universität zufallen solle, falls jener unverheiratet und ohne eheliche Nachkommen verstürbe. Da dieser Fall indes nicht eintrat, blieb das Vermächtnis ohne Folgen für die Universität.
Siehe ausführlich oben, S. 73–75.

Petzet, Arnold (* 1868, † 1941), Regierungsrat, Direktor des *Norddeutschen Lloyds*, schenkte der Universität 1917 und 1918 ein Kapital von 20.000 bzw. 10.000 Mark (Genehmigungen vom 7.7.1917 und 1.8.1918) zugunsten des Staatswirtschaftlichen Seminars und des Seminars für Statistik und Versicherungswissenschaft zur Förderung von Studien auf dem Gebiet der Verkehrspolitik, insbesondere der Binnenschifffahrt und der Wasserstraßen (*Petzet'sche Schenkung*). Das Vermögen ging 1960 in die *Vereinigten Stiftungen und Fonds der Universität München für wissenschaftliche Zwecke aller Art* ein.

Phillips, Dr. Georg (* 6.1.1804 Königsberg, † 6.9.1872 Aigen b. Salzburg), 1826 in Berlin für deutsches Recht habilitiert, seit 1834 in München Professor der Geschichte, seit 1835 für Kirchenrecht und deutsches Privatrecht (bis 1848), Mitbegründer und Mitherausgeber der *Historisch-politischen Blätter für das katholische Deutschland*. 1845/46 Rektor der Universität München, wurde er wegen seiner Kritik an Ludwig I. im Zusammenhang mit der Lola-Montez-Affäre als Regierungsrat nach Landshut versetzt. Daraufhin quittierte er den bayerischen Staatsdienst, ging als Abgeordneter nach Frankfurt, 1850 als Professor nach Innsbruck und 1851 an die Universität Wien auf einen Lehrstuhl für deutsche Reichs- und Rechtsgeschichte. Phillips stiftete am 26.6.1846 zunächst 1.000 Gulden zur Errichtung eines Konvikts, begründete dann am 24.2.1850 eine Stipendienstiftung mit einem

Kapital von 1.400 Gulden, die einem Priester der Diözese Regensburg das Studium in München ermöglichen sollte. 1960 wurde die Stiftung mit anderen Stiftungen zur *Vereinigten Stipendienstiftung* zusammengelegt.

Pruner-Bey, Dr. Franz Seraph (* 8.3.1808 Pfreimd, † 29.9.1882 Pisa), ehemaliger Leibarzt des Vizekönigs von Ägypten und Professor für Augenheilkunde, stiftete mit Testament vom 25.4.1873 (Genehmigung vom 20.1.1883) ein Kapital (95.015 Mark im Jahr 1901) für Studierende der Medizin. 1960 wurde die Stiftung mit anderen Stiftungen zur *Vereinigten Stipendienstiftung* zusammengelegt.
Siehe ausführlich oben, S. 70 f.

Radlkofer, Dr. Ludwig (* 19.12.1829 München, † 16.2.1927 München), Botaniker, Geheimer Hofrat und Universitätsprofessor. Studium der Botanik in Jena ab 1854 (bei Professor Schleiden), 1856 Habilitation in München, 1859 außerordentlicher und 1861 ordentlicher Professor für Botanik in München (bis 1913). Direktor des Botanischen Museums 1891 bis 1927. Radlkofer ist der Begründer der anatomisch-systematischen botanischen Methode. In seinem Testament vom 18.5.1920 vermachte er der Universität fünf Prozent seines Nachlasses „zum Besten des Faches der Botanik". 1960 ging das verbliebene Vermögen in die *Vereinigten Stiftungen und Fonds der Universität München für wissenschaftliche Zwecke aller Art* ein.

Riedel, Dr. Adolf († Nov. 1914 Frankreich), Geologe, vermachte (auf Grund einer Tagebucheintragung) den Rest seines Studiengeldes (fünfprozentige Kriegsanleihe in Höhe von 2.500 Mark) der Universität München, damit aus den Zinsen zugunsten von Studierenden bzw. Praktikanten des Geologischen-paläontologischen Instituts Beihilfen zu geologischen Exkursionen gewährt werden könnten. Die Stiftung wurde von Frau Hofkapellmeister Emilie Riedel in Braunschweig, der Mutter des Gefallenen, seit Anfang 1917 betrieben. Die Satzung der *Dr. Adolf Riedel-Stiftung* wurde am 14.7.1917 genehmigt.

Riedl, Walburga († 4.1.1950) aus Pullach, setzte mit Ehe- und Erbvertrag vom 11.3.1940 zusammen mit ihrem Ehemann, dem Arzt Dr. Martin Riedl († 1.6.1941) neben ihrer Tochter die Universität München zur Erbin ihres Nachlasses ein. Zum Nachlass gehörten Barvermögen und Einrichtungsgegenstände sowie Grundstücke. Gegen Zahlung von 25.000 DM verzichtete die Universität auf ihren Erbanspruch (Bestimmungen über die Verwaltung vom 26.8.1958). Aus den Erträgnissen dieses Kapitals werden Studierende der Juristischen Fakultät, insbesondere durch die Vergabe von Preisen, unterstützt.

Rothpletz, Dr. August (* 25.4.1853 Neustadt a.d. Weinstraße, † 27.1.1918 Oberstdorf), Professor für Geologie und Paläontologie an der Universität München, stiftete 140.000 Mark (Genehmigung vom 18.1.1919) für die Teilung des Ordinariats für Geologie und Paläontologie. Die Erträgnisse wurden seit 1920 zur Bestreitung der Professur für Paläontologie und historische Geologie verwendet. 1960 ging die Stiftung mit anderen Stiftungen in die *Vereinigten Stiftungen und Fonds der Universität München für wissenschaftliche Zwecke aller Art* ein.
Siehe ausführlich oben, S. 91 f.

Rousseau, Johann Jakob, akademischer Sprachmeister (Universitätssprachlehrer), stiftete 1793 ein Kapital von 3.580 Gulden (1807) für Stipendien an Studierende aller vier (damaligen) Fakultäten. 1960 wurde die Stiftung mit anderen Stiftungen zur *Vereinigten Stipendienstiftung* zusammengelegt.

Schmid, Dr. Alois Ritter von (* 22.12.1825 Zaumberg bei Immenstadt, † 16.3.1910 München), 1866 bis 1903 Professor der Dogmatik und Apologetik an der Universität München, stiftete am 28.1.1896 (Genehmigung vom 2.6.1910 und 28.6.1911) 10.000 Mark für bereits promovierte Bewerber, die sich zur Habilitation vorbereiten wollten oder schon Privatdozenten waren. Die Verleihung sollte durch die Theologische Fakultät erfolgen. Das Vermögen wurde 1960 zusammen mit dem Vermögen anderer nicht rechtsfähiger Fonds der neu gebildeten *Vereinigten Stipendienstiftung* übereignet. Bereits vorher (6.12.1892, 22.12.1895) hatte Schmid für das *Georgianum* vermächtnisweise eine Zustiftung von 5.000 Mark gemacht.

Schmid, Dr. Andreas (* 9.1.1840, † 23.4.1911), Professor, ehemaliger Direktor des *Georgianums* (1877–1909), errichtete am 17.9.1910 (Genehmigung vom 17.7.1911) mit einem Kapital von 76.900 Mark beim *Georgianum* eine Stiftung für Freiplätze für Studierende aus den Diözesen Augsburg und München-Freising und für Stipendien für Augsburger Theologiestudenten.

Schmidt-Temple, Brigitte († 1.5.1942), Witwe des Literaturhistorikers Dr. Amandus Schmidt-Temple, vermachte der Universität auf Grund ihres Testaments vom 26.1.1936 Gegenstände und 31.000 Reichsmark in Wertpapieren zur Errichtung einer Stiftung. Die Stiftungsurkunde wurde am 21.3.1944 genehmigt. Der Reinertrag der *Schmidt-Temple-Stiftung* sollte der Förderung der deutschen Wissenschaft dienen und zwar zunächst durch Studienbeihilfen für würdige und bedürftige Studierende der Universität München, die den Doktorgrad erwerben wollten. Aus den Stiftungserträgnissen sollte auch die Grabstätte des Ehepaars Schmidt-Temple im Waldfriedhof gepflegt werden. 1960 wurde die Stiftung mit anderen Stiftungen zur *Vereinigten Stipendienstiftung* zusammengelegt.

Schörghuber, Leo, stiftete 1993 Kapital, aus dessen Erträgnissen die Holzforschung durch Vergabe von Preisen an junge Holzforscher und -forscherinnen im zweijährigen Turnus gefördert werden sollte. Zum 1.10.1999 wurde die Forstwissenschaftliche Fakultät an die TU München verlagert und damit auch die *Leo-Schörghuber-Stiftung* an die TU abgegeben.

Selenka, Margarete († 18.12.1922 München), errichtete 1915 ein Testament, nach dem der Hauptteil ihres Vermögens für eine Stiftung verwendet werden sollte, die zum Gedächtnis an ihren verstorbenen Gatten *Atman-Selenka-Stiftung* heißen sollte. Ihr Zweck sollte es sein, esoterische Weisheit zu pflegen und Gelehrten, die sich mit solchen Untersuchungen befassten, Unterstützung zu leisten. Nach Einigung mit dem erbberechtigten Bruder (Hofrat Heinemann in Luzern) verblieben der Stiftung auch durch den von der Inflation herbeigeführten Vermögensverlust nur noch 2.000 Reichsmark (Stiftungsurkunde vom 4.9.1925, Genehmigung vom 28.10.1925). Der Stiftungszweck wurde in der Stiftungsurkunde neu bestimmt: „Zweck der Stiftung ist[,] die Unterstützung von Wissenschaftlern deutscher Staatsangehörigkeit, die mit psychologischen oder ethnologischen Arbeiten befaßt sind, Dozenten, Doktoren oder Doktoranden einer deutschen Universität". 1960 wurde das Vermögen mit anderen nicht rechtsfähigen Fonds zum Fonds *Vereinigte Stiftungen und Fonds der Universität München für wissenschaftliche Zwecke aller Art* zusammengelegt.

Seydel, Dr. Max von (* 7.9.1846 Germersheim, † 23.4.1901 München), Professor des Staatsrechts an der Universität München und von 1883 bis 1901 Mitglied des dortigen Verwaltungsausschusses, vermachte seine Bibliothek der Universität (1901); seine Witwe Johanna († 1917) vermachte mit Testament vom 27.5.1905 der Universitätsbibliothek 25.000 Mark für Beschaffung von staatsrechtlicher Literatur und für den Unterhalt des Familiengrabs. Das Vermögen der *v. Seydel'schen Zustiftung* wurde 1960 mit anderen nicht rechtsfähigen Fonds zum Fonds *Vereinigte Stiftungen und Fonds der Universität München für wissenschaftliche Zwecke aller Art* zusammengelegt.

Staudenmaier, Dr. Ludwig (* 14.2.1865 Krumbach, † 20.8.1933 Rom), Hochschulprofessor für Experimentalchemie in Freising, bestimmte testamentarisch die Stadt Krumbach in Schwaben und die Universität München zu Erben seines Vermögens. Am 8.11.1935 errichtete die Universität die *Hochschulprofessor Dr. Ludwig Staudenmaier'sche Nachlaßstiftung* mit einem Kapital von 1.912 Reichsmark. Sie sollte minderbemittelten Studierenden und Gelehrten der Universität München Unterstützungen gewähren. 1960 wurde die Stiftung mit anderen Stiftungen zur *Vereinigten Stipendienstiftung* zusammengelegt.

Stützel, Dr. Karl (* 22.5.1872 Speyer, † 25.7.1944 München), Bayerischer Staatsminister des Innern, überwies der Tierärztlichen Fakultät am 18.6.1928 aus einem gemeinnützigen Fonds den Betrag von 4.000 Reichsmark als Spende zur freien Verfügung der Fakultät. Die Fakultät beschloss, den Betrag unter dem Namen *Stützel-Spende* anzulegen und die anfallenden Zinsen zum Kapital zu schlagen bzw. alle zwei Jahre zu verwenden. 1939 betrug das Kapital 5.952 Reichsmark, und der Dekan schlug vor, die Spende weiterhin wie eine Stiftung zu behandeln, bis ein Betrag von 10.000 Mark erreicht sei. Durch Anweisung des Ministeriums für Unterricht und Kultus vom 27.6.1939 wurde der Verwaltungsausschuss der Universität angewiesen, das Kapital zugunsten besonders dringlicher Bedürfnisse der Tierärztlichen Fakultät aufzulösen, was im Laufe des Jahres geschah.

Thanner, Dr. Ignatz (* 9.2.1770 Neumarkt a.d. Rott, † 28.5.1856 Salzburg), geistlicher Rat, Professor der Philosophie und Theologie in Landshut, Canonicus des Kollegiatstifts Mattsee und Direktor des k.k. Lyzeums Salzburg, sowie dessen Wirtschafterin Anne Maria Erdl machten am 19.5.1817 dem Landshuter Stipendienephorat eine Schenkung (aus Kapitalien und Forderungen) in Höhe von insgesamt 753 Gulden und 20 Kreuzern. Das Kapital sollte angesammelt werden, bis es jährlich 50 Gulden abwerfe. Die Stipendien dieses nach dem Vater des Stifters *Franz Thannerischen* genannten *Stipendiums* sollten für die studierenden Nachkommen des Bruders des Stifters, Theodor Thanner, Verwalter des Stifts St. Peter zu Abtenau, sowie für aus Neumarkt an der Rott stammende geeignete Studierende bestimmt sein: „Dabei verbindet der Fundator den Wunsch, daß bei Würdigkeit der Stipendien Adspiranten mehr auf die Güte des sittlichen Betragens, als auf die Fortgangsnoten möge gesehen werden". Die Genehmigung erfolgte am 18.7.1817. 1960 wurde das Vermögen mit dem anderer Stiftungen und Fonds zur *Vereinigten Stipendienstiftung* zusammengelegt.

Stiftung der Theologischen Fakultät vom Jahre 1918. In der Sitzung vom 13.12.1918 beschloss die Theologische Fakultät der Universität München aus den angesammelten Überschüssen der Fakultätskasse in Höhe von 2.493 Mark eine Stiftung zu errichten. Die Zinsen der Stiftung sollten abwechselnd für ein Stipendium zugunsten eines Studierenden der Katholischen Theologie und für die Bedürfnisse der Studentenseelsorge verwendet werden (Satzungen vom 20.12.1918; Genehmigung vom 8.4.1919). Dieses *Neue Theologische Fakultäts-Stipendium* wurde 1960 mit anderen Vermögen zur *Vereinigten Stipendienstiftung* zusammengelegt.

Vollmar, Georg Heinrich von (* 7.3.1850 München, † 30.6.1922 Urfeld), Reichstagsabgeordneter, und seine Frau Julia (geborene Kjellberg) († 1.2.1923 Urfeld) bestimmten in einem gemeinsamen Testament: „Die Universität München soll 30.000 Mark erhalten, deren Zinsen für ein Stipendium oder eine Preisaufgabe auf dem Gebiet der Sozialwissenschaften verwendet werden sollen, sofern nicht der von uns Überlebende in dieser Richtung eine besondere Bestimmung trifft." Diese Bestimmung wurde in einem eigenhändigen Testament der Ehefrau vom 31.1.1922 wiederholt. Da der Erbfall in die Zeit der schlimmsten Inflation fiel, überwies der Testamentsvollstrecker im Mai 1923 der Universität 130.000 Mark. 1960 wurde das verbliebene Kapital mit anderen Vermögen zur *Vereinigten Stipendienstiftung* zusammengelegt.

Wallpach zu Schwanenfeld, Alfred von, Apotheker, stiftete am 22.11.1899 zusammen mit seiner Frau Bertha, verwitwete Trappentreu, 20.000 Mark zur Schaffung eines Freiplatzes am *Georgianum.* Der *Trappentreu – von Wallpach'schen Freiplatz Stiftung* wurde am 1.12.1899 die landesherrliche Genehmigung erteilt. Aus dem Stiftungsvermögen sollte ein Freiplatz für einen Kandidaten der Theologie aus dem Bistum München-Freising finanziert werden, bevorzugt werden sollten dabei Mitglieder der Familien Trappentreu oder Wallpach.

Weiß, Heinrich († 13.5.1912), königlicher Hofbereiter, stiftete zusammen mit seiner Frau Mathilde, geborene von Jenisch († 10.5.1918), 12.000 Mark (Genehmigung vom 7.11.1918) für Studierende der Rechtswissenschaft sowie Rechtspraktikanten, in erster Linie für Angehörige der Studentenverbindung *Apollo* in München. 1960 wurde das Stiftungskapital zusammen mit dem Vermögen anderer nicht rechtsfähiger Fonds der neugebildeten *Vereinigten Stipendienstiftung der Universität München für Studierende aller Fakultäten und Konfessionen* übereignet.

Zingel, Georg (* 1428 Schlierstadt im Odenwald, † 26.4.1508 Ingolstadt), Professor der Theologie, Domherr in Eichstätt, stiftete testamentarisch neben 22 Büchern sein ganzes Vermögen (Zins- und Gülteinnahmen aus 14 verschiedenen Quellen) zugunsten von zwei Stipendien am *Georgianum.* Die Stipendiaten sollten aus der Verwandtschaft des Stifters stammen und durch Vertreter der Städte Buchen und Schlierstadt im Odenwald präsentiert werden, ersatzweise konnten auch Studenten, die aus dem Odenwald stammten, präsentiert werden.
Siehe ausführlich oben, S. 25 f.

DERZEIT AN DER LUDWIG-MAXIMILIANS-UNIVERSITÄT MÜNCHEN BESTEHENDE STIFTUNGEN *(STAND FEBRUAR 2009)*

Rechtsfähige Stiftungen (Name und Stiftungszweck)

Freiherr von Handel'sche Stiftung
Unterstützung würdiger und bedürftiger Studierender der LMU, vorzugsweise solcher, die nachweislich in Bayern beheimatet sind.
Frhr. Mainhard Maria von Handel, kgl. bayerischer Kammerherr, stiftete mit Testament vom 16.2.1887 ein Kapital von 70.000 Mark und ein Anwesen in Bad Tölz. Aus den Erträgen sollten Stipendien für bayerische Studierende und Absolventen, die sich nach Abschluss des Studiums wissenschaftlichen Studien widmen wollten, gewährt werden. Das Haus wurde bis zum Aussterben der Familie 1910 noch von den männlichen Mitgliedern der Familie genutzt.

Herzoglich Georgianische Priesterhausstiftung
Ausbildung von Studierenden der Katholischen Theologie an der LMU als Priesteramtskandidaten und von Priestern als wissenschaftliche Nachwuchskräfte.
Siehe ausführlich oben, S. 21–31.

Rolf-Weber-Stiftung
Unterstützung würdiger und bedürftiger Studierender der Juristischen Fakultät der LMU.

Rosa-Schneider-Stiftung
Unterstützung bedürftiger und würdiger Söhne oder Töchter bayerischer Ärzte, die an einer Fakultät der LMU eingeschrieben sind, gegebenenfalls auch Studierender der Medizinischen Fakultät aus Bayern unter Bevorzugung von Doppelwaisen und Waisen.
Die Stiftung geht auf das Testament der Stifterin vom 16.9.1940 zurück (Kapital und ein Anwesen in München-Bogenhausen).

Stiftung Maximilianeum
Umfassende Förderung des Studiums (freie Kost und Logis, Sprachkurse, einjähriger Auslandsaufenthalt) von besonders begabten männlichen Studierenden, die aus Bayern oder der linksrheinischen Pfalz stammen müssen; gefördert werden alle Fachrichtungen mit Ausnahme von Medizin und Theologie für ein Kirchenamt.
Siehe ausführlich oben, S. 51–57.

Vereinigte Stipendienstiftung der Universität München für Studierende aller Fakultäten und Konfessionen
Unterstützung würdiger und bedürftiger Studierender und Doktoranden der LMU München.
Siehe ausführlich oben, S. 101–103.

Nicht rechtsfähige Stiftungen (Name und Stiftungszweck)

Agnes Ament-Stiftung
Förderung würdiger und bedürftiger, an der LMU eingeschriebener Studierender sowie Doktoranden oder Habilitanden an dieser Universität, vornehmlich solcher Bewerber, die in das *Maximilianeum* aufgenommen sind oder ehemaliger Maximilianeer sowie weiblicher Bewerber, deren Qualifikation der Qualifikation der Maximilianeer vergleichbar ist, zur Fortsetzung ihrer Studien auch in anderen Studienfächern (Zweitstudium).
Die Stiftung geht auf das Testament der Stifterin vom 18.10.1976 zurück (Kapital und zwei Anwesen in München sowie ein unbebautes Grundstück in Bamberg).

Alois Schmaus-Stiftung
Förderung südslavistischer und balkanologischer Forschung.
Die Witwe des Professors für Slavische Philologie und Balkanphilologie an der LMU und Mitglieds der Bayerischen Akademie der Wissenschaften Dr. Alois Schmaus (* 28.10.1901 Maiersreuth/Oberpfalz, † 27.7.1970), Bosiljka (* 21.2.1898 Belgrad, † 11.12.1986), richtete zu Ehren ihres Mannes testamentarisch eine Stiftung ein, deren Erträgnisse zur Förderung südslavistischer und balkanologischer Forschung, insbesondere an der Universität München, dienen sollen.

Anna Maria Eva Schleip-Stiftung
Studienbeihilfen für christlich erzogene und bedürftige evangelische und katholische Studierende, die gut bürgerlichen Familien entstammen.
Die Stiftung geht auf das Testament der Stifterin vom 27.2.1967 zurück.

Anschütz-Kaempfe-Stiftung
Förderung von Wissenschaft und Forschung an der LMU auf dem Gebiet der Mathematik und der Naturwissenschaften.
Dr. Hermann Anschütz-Kaempfe (* 3.10.1872 Zweibrücken, † 6.5.1931 München), Kunsthistoriker und Techniker, Erfinder der Kreiselkompasses, stiftete am 21.3.1919 1.000.000 Mark für Zwecke der Lehre und Forschung der Physik, theoretischen Physik, Chemie, physikalischen Chemie, Astronomie, Anthropologie, Geologie, Mineralogie und Geographie. Schenkung von Schloss Lautrach sowie der Reitschule München.
Siehe ausführlich oben, S. 79–89.

Artan-Stiftung
Jährliche Förderung eines/r würdigen und bedürftigen Absolventen/in der Medizinischen Fakultät der LMU unter Bevorzugung von Doppelwaisen durch Zahlung eines Stipendiums.
Die LMU hat von der Artan-Stiftung, Vaduz, aus dem Nachlass von Johann Radlon-Bronikowski Mittel für die Zahlung von Stipendien an Studierende der Medizin erhalten.

Bönninghofen-Stiftung
Förderung der Forschung auf dem Gebiet der Polycythämie an der LMU.

Christina Bergmann-Stiftung zur Unterstützung der Kinderkrebsforschung
Unterstützung der Hämatologisch-Onkologischen Forschung im Dr. von Haunerschen Kinderspital der LMU.

Curt Bohnewand-Fonds
Förderung von Forschungsvorhaben an der LMU zur Bekämpfung der Krebskrankheiten.
Curt Bohnewand errichtete zusammen mit seiner Frau Erna durch Stiftungsurkunde vom 19.2.1962 (ergänzt durch gemeinschaftliches Testament vom 21.2.1963) den *Curt Bohnewand-Fonds* zur Förderung der Krebsforschung.

Dr. Democh-Maurmeier-Stipendienstiftung
Unterstützung würdiger und bedürftiger Studierender der Medizinischen und der Juristischen Fakultät an der LMU unter Bevorzugung des weiblichen Geschlechts gleich welcher Religion sowie Förderung der wissenschaftlichen Forschung und Lehre an der LMU auf dem Gebiet der Volksgesundheit.
Dr. med. Ida Democh-Maurmeier errichtete mit Testament vom 2.5.1949 die rechtlich unselbständige *Dr. Democh-Maurmeier-Stipendienstiftung.* Zur Stiftung gehören ein Wochenendhaus in Herrsching und ein Anwesen in Dachau.

Dr. Reisinger-Stiftungsfonds
Förderung der wissenschaftlichen Lehre und Forschung an der Poliklinik der LMU, insbesondere durch Anschaffung von Geräten für wissenschaftliche Zwecke sowie Bestreitung laufender Sach- und Personalausgaben der Poliklinik.
Dr. Franz Reisinger (* 3.4.1787 Koblenz, † 20.4.1855 Augsburg), Hofrat und Professor der Medizin, war von 1819 bis 1824 Professor für Chirurgie in Landshut, wurde wegen Zwistigkeiten mit seinen Kollegen nach Erlangen versetzt, trat diese Stelle aber nicht an und ging 1826 in den vorzeitigen Ruhestand. In den folgenden Jahren war er am Allgemeinen Krankenhaus in Augsburg tätig. Er stiftete sein ganzes Vermögen in Höhe von ca. 300.000 Gulden zugunsten der Errichtung einer Bildungsanstalt für Ärzte (Testament vom 9.4.1855). Mit den Erträgnissen wurden das Anwesen Sonnenstraße 17 erworben und die entsprechenden Gebäude (Poliklinik) errichtet. Daneben gründete er Stipendienstiftungen.
Siehe ausführlich oben, S. 61–63.

Dr. Wolf Hamann-Stiftung
Förderung der Vorderasiatischen Archäologie an der LMU.

Einhundertjahresstiftung der Universität München
Förderung von Universitätsinstituten, soweit die laufenden Mittel nicht ausreichen, besonders wichtiger Forschungsarbeiten, Unterstützung von Universitätsdozenten und ihrer Hinterbliebenen sowie von Studierenden in außerordentlichen Notfällen, jeweils an der LMU.

Franz von Holtzendorff'sche Stiftung
Unterstützung würdiger und bedürftiger deutscher Studierender der Hauptfächer Völkerrecht, Strafrecht, Strafprozessrecht und Gefängniswesen.
Richard von Holtzendorff († 22.2.1923), Legationsrat, zuletzt wohnhaft in Garmisch, vermachte der

Universität München mit Testament vom 23.10.1922 (letzte Ergänzung) 7/8 seines Nachlasses mit der Auflage, eine Stiftung zum Andenken an seinen am 4.2.1889 in München verstorbenen Vater Professor Dr. Franz von Holtzendorff zu begründen. Bei der Schlussabrechnung 1925 verblieben der Universität etwa 9.670 Reichsmark in Wertpapieren und 726 Reichsmark an Bargeld. Die Wertpapiere erwiesen sich jedoch als teilweise so wertbeständig, dass die *Franz von Holtzendorff'sche Stiftung* alle Stürme von Inflation und Währungsreform überstand und als eine der wenigen Stipendienstiftungen auch 1960 selbständig blieb.
Siehe ausführlich oben, S. 72 f.

Georg und Traud Gravenhorst-Stiftung
Förderung der medizinischen Forschung an der LMU.
Begründet wurde die Stiftung mit Testament vom 19.7.1967 (Nachtrag vom 29.5.1968) durch Traud Gravenhorst.

Hans Keller-Stiftung
Unterstützung von Maximilianeern, die eine Doktorarbeit über Grotius oder den Völkerrechtler Hans Keller schreiben (Zustiftung zur *Stiftung Maximilianeum*).

Heinz und Sybille Laufer-Stiftung für Politische Wissenschaft
Förderung der Politischen Wissenschaft als Staatswissenschaft durch Vergabe von Stipendien, Forschungsaufträgen sowie Druckkostenzuschüssen für hervorragende Dissertationen und Habilitationen.
Dr. Heinz Laufer, Professor für Politische Wissenschaften, stiftete durch Testament vom 8.4.1996 in Andenken an seine Frau Sybille drei Häuser in Würzburg und Ochsenfurt sowie Bargeld zur Vergabe von Stipendien, für Forschungsaufträge und Druckkostenzuschüsse zugunsten hervorragender Dissertationen und Habilitationen. Um den Erhalt der Stiftung sicherzustellen, wurden die Anwesen im Februar 1999 verkauft.
Siehe ausführlich oben, S. 98 f.

Herbert Lutz-Gedächtnis-Stiftung
Förderung der archäologischen Studien am Institut für Klassische Archäologie der LMU.
Hermann Lutz begründete durch Überlassungsvertrag vom 27.2.1958 (Ergänzung vom 8.4.1969) die *Herbert Lutz-Gedächtnis-Stiftung* zur Förderung der archäologischen Forschung an der Universität München. Zur Stiftung gehört ein Anwesen in München-Neuhausen.

Herbert Marcinek-Stiftung
Jährliche Vergabe des *Herbert Marcinek-Preises* für besonders begabte Studierende der Fakultät für Chemie und Pharmazie.

Hl. Athanasius-Stiftung
Förderung der Ökumenischen Theologie durch Unterstützung von Projekten des Zentrums für ökumenische Forschung (ZöF) der LMU.

K. L. Weigand'sche-Stiftung
Förderung von Forschungsvorhaben auf dem Gebiet der Krebs- und Tuberkuloseforschung an der LMU.
Karl Leonhard Weigand, († 4.4.1938), Konsul a.D., zuletzt wohnhaft in Herrsching, und seine Ehefrau Marie Sophie Pauline († 17.4.1945) errichteten durch Testament vom 25. November 1927 eine Stiftung zugunsten der Förderung der Krebs- und Tuberkuloseforschung (Erbschein vom 27.2.1946). Eine Satzung für die *K. L. Weigand-Stiftung bei der Ludwig-Maximilians-Universität München* wurde 1946 erlassen. Damals besaß die Stiftung Wertpapiere im Nennwert von 416.600 Reichsmark sowie ein Anwesen in München-Schwabing.
Siehe ausführlich oben, S. 92–95.

Karl Jakob Hirsch-Stiftung
Erhalt, Ausbau und Erschließung des der Universitätsbibliothek München 1985 übereigneten Nachlassmaterials und Förderung des künstlerischen wie literarischen Gesamtwerks Karl Jakob Hirschs.

Leonhard Moll-Stiftung
Förderung von Studium, Wissenschaft und Forschung an der LMU durch Vergabe von Stipendien an Studierende aus Osteuropa, insbesondere der Universitäten Breslau und Prag, zum Studium an der Juristischen Fakultät, der Fakultät für Betriebswirtschaft oder der Fakultät für Geschichte und Kunstwissenschaften der LMU.
Die *Leonhard Moll KG* stellte 1994 ein Kapital zur Verfügung, aus dessen Erträgnissen Ein-Jahres-Stipendien an Studierende aus Osteuropa vergeben werden sollen.
Siehe ausführlich oben, S. 96–98.

Louise Blackborne-Stiftung
Unterstützung unbemittelter, talentierter Studierender der LMU zur Fortsetzung ihrer Studien.
Louise Marie Emilie Blackborne, geborene Delcroix († 31.5.1946 Zürich), englische Staatsangehörige, zuletzt wohnhaft in Genf, Hotel Bernina, vermachte in ihrem Testament vom 21.2.1940 einen namhaften Betrag in Schweizer Franken für unbemittelte talentierte Studierende der Universität München. Die Schenkung wurde zusammen mit einem Ölgemälde (Brustbild der Erblasserin) im April 1947 angenommen. Die Stiftung, aus der die Erträgnisse zur Verfügung gestellt werden, hat ihren Sitz in Bern. Nach einer Vereinbarung von 1959/60 erhält die Universität jeweils 16 % der jährlichen Nettoerträgnisse.

Margarete Eder-Stiftung zur Versorgung krebskranker Kinder
Förderung der öffentlichen Gesundheitspflege im Dr. von Haunerschen Kinderspital der LMU.
Die Stiftung geht auf das Testament der Stifterin vom 8.7.1996 zurück.

Marianne Schmidbauer-Landes-Stiftung
Medizinische Betreuung und Versorgung schwerstkranker Kinder am Dr. von Haunerschen Kinderspital des Klinikums der LMU.
Mit Testament vom 30.8.2007 setzte Marianne Schmidbauer-Landes die LMU als Alleinerbin ihres Vermögens ein mit der Auflage, die rechtlich nicht selbständige Marianne Schmidbauer-Landes-Stiftung zu gründen.

Münchner VWL-Stiftung
Förderung der Lehre und Forschung der Wirtschaftswissenschaften an der LMU.
Die Stiftung wurde 1998 von einem anonymen Stifter errichtet.

Nachlass Augusta Welser
Unterstützung der Onkologischen Abteilung im Dr. von Haunerschen Kinderspital der LMU.
Die Stiftung geht auf das Testament der Stifterin vom 22.3.1989 zurück.

Nachlass Dr. Karl Heinz Kurtze
Förderung anspruchsvoller Dissertationen tüchtiger deutscher Studentinnen und Studenten der Tierärztlichen Fakultät der LMU, insbesondere auf dem Gebiet der Tropenveterinärmedizin.
Dr. Karl Heinz Kurtze († 28.6.1991), Veterinärdirektor, vermachte der Universität durch Testament vom 28.2.1990 ein Kapital, dessen Erträgnisse Promovierenden der Veterinärmedizin in Form von Stipendien zugute kommen sollen.

Nachlass Kuhbier-Langewiesche
Förderung der Krebsforschung und der Nuklearmedizin an der LMU.
Die Stiftung geht auf das Testament der Stifterin, Marianne Kuhbier-Langewiesche, vom 23.4.1977 zurück.

Nachlass Przemysler-Przemyslav
Förderung würdiger und bedürftiger ordentlicher Studierender, Doktoranden oder Habilitanden an der Fakultät für Physik.
Eugenie Przemysler-Przemyslav vermachte der LMU mit Testament vom 11.1.1964 ein Kapital, dessen Erträgnisse der physikalischen Forschung zugute kommen sollen.

Neumann Leadership Foundation Corporate Governance
Förderung von Wissenschaft und Forschung auf dem Gebiet der Unternehmensführung an der LMU.

Oberregierungsrat Dr. Hermann Köstlbacher-Stipendienfonds
Unterstützung von würdigen und bedürftigen Studierenden der Tierärztlichen Fakultät der LMU unter Bevorzugung von Mitgliedern der Burschenschaft *Alemannia.*
Die Stiftung geht auf das Testament von Hedwig Sophie Margarethe Köstlbacher vom 26.10.1965 zurück.

Pettenkoferhaus-Stiftung
Förderung des Max von Pettenkofer-Instituts (Verstärkung des Institutsetats oder Förderung wissenschaftlicher Forschungsarbeiten).

Pfarrer Elz-Stiftung
Förderung der theologischen und kirchlich-philosophischen Forschung und Lehre an der LMU.
Die Stiftung geht auf das Testament von Pfarrer Ewald Elz vom 11.4.1963 zurück.

Prinz Lennart von Hohenzollern-Stiftung
Unterstützung von Forschungsvorhaben am Dr. von Haunerschen Kinderspital der LMU zur dauerhaften Korrektur von Gendefekten beim Menschen.

Retzbach und Meth-Stiftung
Medizinische Betreuung und Versorgung von an Krebs, Multipler Sklerose, Mukoviszidose, Rheuma und sonstig schwerst erkrankten Kindern sowie Anschaffung medizinischer Hilfsmittel für derartig erkrankte Kinder.
Die Stiftung geht auf das Testament von Anna Retzbach-Meth vom 1. und 9.4.1996 zurück.

Schenkung Lautrach
Förderung der Philosophischen und Naturwissenschaftlichen Fachbereiche.
Siehe ausführlich oben, S. 80, 85–89.

Stiftung zur Förderung besonderer Behandlungsmethoden am Universitätsklinikum Großhadern
Förderung der Erprobung neuer oder besonders förderungswürdiger diagnostischer und therapeutischer Projekte im Bereich der medizinischen Forschung und Lehre am Universitätsklinikum Großhadern.
Die Stiftung wurde anonym getätigt.

Stipendienfonds der Studiengenossenschaft Luitpoldiana des ehemaligen Luitpoldgymnasiums an der Müllerstraße
Stipendien für würdige und bedürftige, in Bayern beheimatete Studierende der LMU.

Therese von Bayern-Stiftung zur Förderung von Frauen in der Wissenschaft
Förderung von Frauen in der Wissenschaft, insbesondere durch Verleihung des *Therese von Bayern-Preises* im zweijährigen Turnus sowie durch Habilitations- und Projektförderung.
Siehe ausführlich oben, S. 95 f.

Tumorzentrum München-Stiftung
Förderung des Tumorzentrums München der LMU und der Technischen Universität München (TUM).

Vereinigte Stiftungen und Fonds der Universität München für wissenschaftliche Zwecke aller Art
Förderung von wissenschaftlichen Einrichtungen der LMU für wissenschaftliche Zwecke aller Art.
Siehe ausführlich oben, S. 101–103.

Walburga Riedl-Stiftung
Unterstützung würdiger und bedürftiger Studierender der Juristischen Fakultät der LMU, insbesondere durch die Vergabe von Preisen (auch Druckkostenbeihilfen).

Weihbischof Dr. Ernst Tewes-Stiftung
Förderung der wissenschaftlichen Forschung in der Katholisch-Theologischen Fakultät der LMU.
Dr. Ernst Tewes, Regionalbischof und Universitätsprediger, schenkte der Universität 1988 ein Kapital

zur Förderung der wissenschaftlichen Forschung in der Katholisch-Theologischen Fakultät, aus dessen Erträgnissen insbesondere die Verleihung eines Preises für eine hervorragende wissenschaftliche Arbeit finanziert werden soll (*Johann Michael Sailer-Preis*).

Wittelsbacher Jubiläumsstiftung
Förderung des Studiums weiblicher Studierender analog zu den Bestimmungen der *Stiftung Maximilianeum* (Zustiftung zur *Stiftung Maximilianeum*).
Die Stiftung wurde 1980 durch Herzog Albrecht von Bayern anlässlich der 800. Wiederkehr des Jahrs der Verleihung des Herzogtums Baiern an Otto von Wittelsbach errichtet.

Wolfgang Wilmanns-Stiftung
Förderung der Leukämie- und Tumorforschung an den Münchner Universitäten unter Einbeziehung des Tumorzentrums München.

LITERATUR

Biographisches Lexikon der Ludwig-Maximilians-Universität München, hrsg. v. L. Boehm, W. Müller, W. J. Smolka, H. Zedelmaier, Teil I: Ingolstadt-Landshut 1472–1826 (Ludovico Maximilianea. Forschungen, Bd. 18), Berlin 1998

Boehm, L., Die Universitäts-Idee in der Geschichte, in: Chronik der Ludwig-Maximilians-Universität 1961/62, S. 189–208

Boehm, L., Das Hochschulwesen in seiner organisatorischen Entwicklung, in: Handbuch der Bayerischen Geschichte, Bd. II, begr. v. Max Spindler, hrsg. v. Andreas Kraus, München 1988, S. 919–965

Bußmann, H., Therese von Bayern-Stiftung zur Förderung von Frauen in der Wissenschaft, in: dies./E. Neukum-Fichtner (Hrsg.), „Ich bleibe ein Wesen eigener Art" – Prinzessin Therese von Bayern. Wissenschaftlerin – Forschungsreisende – Mäzenin (1850–1925), München 1997, S. 100–102

Fischer, A., Die Neugestaltung des bayerischen Stiftungswesens unter dem Ministerium Montgelas 1806–1810, Diss. masch. München 1922, Auszug in: Oberbayerisches Archiv 65 (1927), S. 1–63

Gollwitzer, H. (Hrsg.), 100 Jahre Maximilianeum 1852–1952. Festschrift, München 1953

Heckel, J., Das Maximilianeum in München. Eine rechtsgeschichtliche Betrachtung zu seinem hundertjährigen Bestehen, in: Festakt anlässlich des hundertjährigen Bestehens der Maximilianeums-Stiftung, 18. Juli 1953, München 1953

Heydenreuter, R., Der landesherrliche Hofrat unter Herzog und Kurfürst Maximilian I. von Bayern (1598–1651), München 1981

Hufnagel, M. J., Berühmte Tote im Südlichen Friedhof zu München, 3. Aufl. München 1970

Lanzinner, M., Fürst, Räte und Landstände. Die Entstehung der Zentralbehörden in Bayern 1511–1598, Göttingen 1979

Liermann, H., Handbuch des Stiftungswesens, Bd. 1: Geschichte des Stiftungsrechts, Tübingen 1963

Locher, W., 150 Jahre Dr. von Haunersches Kinderspital 1846–1996. Von der Mietwohnung zur Universitätsklinik, München 1996

Mitterwieser, A., Geschichte der Stiftungen und des Stiftungsrechts in Bayern, Diss. München 1907

Müller, K. A. v. (Hrsg.), Die wissenschaftlichen Anstalten der Ludwig-Maximilians-Universität zu München, München 1926

Pleyer, K., Die Vermögens- und Personalverwaltung der deutschen Universitäten, Marburg 1955

Prantl, C., Geschichte der Ludwig-Maximilians-Universität in Ingolstadt, Landshut, München, 2 Bde., München 1872

Real, H. J., Die privaten Stipendienstiftungen der Universität Ingolstadt im ersten Jahrhundert ihres Bestehens (Ludovico Maximilianea. Forschungen, Bd. 4), Berlin 1972

Schattenfroh, R., Die von der Universität München verwalteten Stiftungen, in: Lebensbilder deutscher Stiftungen aus Vergangenheit und Gegenwart, Bd. 2, Tübingen 1971, S. 297–343

Schmid, A., Geschichte des Georgianums in München, Regensburg 1894

Seifert, A., Statuten- und Verfassungsgeschichte der Universität Ingolstadt (1472–1586), Berlin 1971

Stadlbaur, K., Kloster Seligenthal bei Landshut, in: Verhandlungen des historischen Vereins für Niederbayern 20 (1878), S. 219–237

Verzeichnis der in Bayern bestehenden öffentlichen Stiftungen. Stand 1. Oktober 1964, 1964

Wallenreiter, C., Die Vermögensverwaltung der Universität Landshut-München (Ludovico Maximilianea. Forschungen, Bd. 3), Berlin 1971

BILDNACHWEIS

Sämtliche Bildrechte der publizierten Abbildungen sind nach bestem Wissen und Gewissen geprüft. Sollten gleichwohl Bildrechte nicht berücksichtigt worden sein, bitten wir freundlichst, sich bei uns zu melden.

S. 10: Autor.
S. 14: UAM, D-V-2.
S. 17: UB München, Cim 17.
S. 18 f.: Bayerisches Landesamt für Vermessung und Geoinformation, Wening M 43.
S. 20: LMU München.
S. 22: AHG, I4.
S. 24: AHG, Inv. 46.
S. 25: UAM, Fotoslg.
S. 26: UAM, Fotoslg.
S. 27: AHG, 8° 30.
S. 28: Aus: Geist und Gestalt, Bd. III, Abb. 5.
S. 29: UAM, Grafikslg.
S. 31: AHG, Fotoslg.
S. 32: UB München, Cim 17.
S. 34 f.: Bayerisches Landesamt für Vermessung und Geoinformation, Wening M 116.
S. 36: Autor.
S. 37: Aus: Geist und Gestalt, Bd. III, Abb. 2.
S. 38: Aus: Lebensbilder aus zehn Jahrhunderten. Ausstellung im Bezirksmuseum Dachau, Dachau 1999, S. 70.
S. 40 f.: UAM, I-II-17.
S. 44: UAM, Grafikslg.
S. 47: Aus: Geist und Gestalt, Bd. III, Abb. 42.
S. 50: Aus: Geist und Gestalt, Bd. III, Abb. 6.
S. 55: Autor.
S. 58: UAM, D-V-16.
S. 60: UAM, Fotoslg.
S. 61: Aus: Intelligenzblatt für den Isarkreis 1824, Sp. 371.
S. 62: Aus: Wolfgang Locher u.a., 150 Jahre Dr. von Haunersches Kinderspital 1846–1996. Von der Mietwohnung zur Universitätsklinik, München 1996, S. 201 u. 306.
S. 64: AHG, Kunstslg.
S. 65: UAM, K-VI-1, Bd. 1.
S. 66: UAM, K-VI-1, Bd. 1; UAM, Fotoslg.
S. 67: Aus: Geist und Gestalt, Bd. III, Abb. 99.
S. 68: UAM, Fotoslg.
S. 69: UAM, Fotoslg.
S. 70: Aus: Gottlieb Olpp, Hervorragende Tropenärzte in Wort und Bild, München, 1932, Tafel LIV.

S. 71: Aus: Geist und Gestalt, Bd. III, Abb. 138.
S. 72: Bayerische Staatsbibliothek München/Porträtsammlung.
S. 75: Aus: Geist und Gestalt, Bd. III, Abb. 123.
S. 76: Stadtarchiv Fürth, Fotoslg.
S. 77: Münchner Stadtmuseum, Sammlung Graphik/Plakat/Gemälde, Inv.-Nr. VI a/124.
S. 78: Archiv des MCSL.
S. 83: UAM, Fotoslg.
S. 86: Archiv des MCSL.
S. 87: Archiv des MCSL.
S. 88: Archiv des MCSL.
S. 90: The Geological Society, London.
S. 93: Für die freundliche Bereitstellung der Druckvorlage danken wir Frau Heidemarie Griewatz von der Universitätsbibliothek Tübingen.
S. 94: Aus: Geist und Gestalt, Bd. III, Abb. 8.
S. 95: Aus: Hadumod Bußmann/Eva Neukum-Fichtner (Hgg.), „Ich bleibe ein Wesen eigener Art". Prinzessin Therese von Bayern. Wissenschaftlerin – Forschungsreisende – Mäzenin (1850–1925), München 1997, S. 19.
S. 97: Aus: 1894–1969. 75 Jahre Leonhard Moll, München 1969, S. 10; UAM, Fotoslg.
S. 99: LMU, Dekanat der Sozialwissenschaftlichen Fakultät; UAM, Fotoslg.

Abkürzungsverzeichnis:

AHG	Archiv des Herzoglichen Georgianums München
Geist und Gestalt, Bd. III	Geist und Gestalt. Biographische Beiträge zur Geschichte der Bayerischen Akademie der Wissenschaften, Bd. III, München 1959
LMU	Ludwig-Maximilians-Universität
MCSL	Management Centrum Schloss Lautrach
UAM	Universitätsarchiv München
UB München	Universitätsbibliothek München